未来へのイノベーション

新しい日本を創る幸福実現革命

大川隆法
Ryuho Okawa

まえがき

宗教家が書く本としては、内容の幅が広く、専門性があるので、驚《おどろ》かれる方もいるだろう。

仕事としては、宗教が中心であるが、私の大学での専攻は、法律学や政治学だ。在家《ざいけ》時代には、国際金融、国内金融のプロフェッショナルで、本が書けるぐらいの専門家だ。この延長線上で、国際政治・外交、国際経済、財政学、経営学にも詳《くわ》しい。

というわけで、普通の宗教と違うことを私が時々主張するのは、ヘソが曲がっているからだけではなく、複数の専門分野のエキスパートだからである。

今回、金利問題で〝アベノミクス〟に待ったをかけたが、金融部門も私の専門分野なので、単なる情緒《じょうちょ》的な素人《しろうと》意見ではない。私は「幸福実現革命《こうふくじつげんかくめい》」を目指しているので、不幸の選択に「黄信号」を発しているのみである。

二〇一六年　六月二十一日

幸福《こうふく》の科学《かがく》グループ創始者兼総裁《そうししゃけんそうさい》
幸福実現党創立者兼総裁《こうふくじつげんとうそうりつしゃけんそうさい》　大川隆法《おおかわりゅうほう》

未来へのイノベーション　目次

二〇一六年五月二十四日　説法《せっぽう》
宮城県《みやぎ》・仙台《せんだい》サンプラザホールにて

第1章　救いのメカニズム

第2章　未来へのイノベーション

二〇一六年六月十二日　説法
愛知県・名古屋正心館《なごやしょうしんかん》にて

第1章

救いのメカニズム

二〇一六年五月二十四日　説法《せっぽう》
宮城《みやぎ》県・仙台《せんだい》サンプラザホールにて

1 「根本精神」が抜《ぬ》け落ちている現代社会

さまざまな分野で事業が進んでいる「幸福の科学グループ」

今回の会場である仙台《せんだい》サンプラザでの講演は二十四年ぶりとのことで、前回の講演から、ずいぶん歳月《さいげつ》がたちました（注。一九九二年四月二十六日に、特別公開セミナー「天国と地獄《じごく》」を行《おこな》った。『悟《さと》りに到《いた》る道』〔幸福の科学出版刊〕参照）。そのときに来ていた人もかなりいらっしゃるようですが、二十四年もたって、いまだについてきてくださっているのは、まことにありがたいことです。その間《かん》にいろいろなことがあったと思いますけれども、本当にうれしく思います。

本来であれば、近くに自前《じまえ》の大きな精舎《しょうじゃ》（仙台正心館《しょうしんかん》）もあるので、あちらをもう少し使わなければいけないとは思いつつも、少しでも多くの人に聴《き》いてもらいたいと考え、今回はこちらを使わせていただくことにしました。

この二十四年間で、幸福の科学グループのいろいろな事業がだいぶ進んできました。まだまだ完成とはいきませんが、さまざまな分野に対し、向かうべき方向を示して、少しずつ少しずつ進んで

講演会「救いのメカニズム」の本会場風景（5月24日、宮城県・仙台サンプラザホールにて）。

きています。

最近の事業のなかで、まだまだ軌道《きどう》に乗り切っていないものの一つが、政党事業かと思います。ただ、二〇〇九年に幸福実現党を立党したときにはあった政党のなかには、すでに消えたところがそうとうあるのです。残っているのは自民党ぐらいでしょうか（笑）（会場笑）。ほかには、社民党が今度の選挙で最後になるか、ならないかというあたりにいます。もちろん、幸福実現党もよそのことは言えず、今、社民党と入れ替《か》わるかどうかというあたりで競争しているところですけれども、「いろいろなことが変わってくるなあ」と感じています。

ちなみに、一九八七年から一九八九年ごろ、当会はセミナー等で、旧社会党本部の入っていた社会文化会館を使ったことがあります。そこは七百人ぐらい入る所で宗教にも非常に安く貸してくれたため、私たちも何度か使ったわけですが、現在では取り壊《こわ》されてなくなってしまい、諸行無常《しょぎょうむじょう》の感じがします。

「ネットでのお坊《ぼう》さん派遣《はけん》」に見られる伝統宗教の危機

また、新宗教にもさまざまな栄枯盛衰《えいこせいすい》があり、消えていくものは消えていきました。戦後の新宗教であればそういうことがあるのも分かりますが、新宗教のなかで戦前からあるところでもだんだんに廃《すた》れてきて、みるみるうちに信者数が半分になったり、三分の一になったりするところが出てきて、「えっ？」と思うようなこともありました。

幸福の科学を始めた最初のころには、「こんな巨大《きょだい》なところまで行くのに、いったい何十年かかるのだろう」と思い、はるか遠くに見えていた宗教も、気がつけば、当会よりもずっと後ろのほうにいるような状況《じょうきょう》になっていたりします。まことに不思議なことです。

最近では、そうした戦前からある新宗教だけではなく、さらに古い「伝統宗教」といわれるところでも、危ない感じになっています。

そうしたところには、鎌倉《かまくら》時代のころから始まり、八百年以上の歴史があって、一万カ寺《じ》ぐらいは持っているところも多いのですけれども、このあたりも何だか危ないのです。

そういうところが「危ない」というのは、もう、直感的に分かります。例えば、「アマゾン（ネット通販《つうはん》サイト）でお坊《ぼう》さんの〝宅配《たくはい》〟が始まった」などと聞いたら、普通《ふつう》の神経を持っている人であれば誰《だれ》でも、「これは、もう危ないな。お坊さんが〝宅配〟されるようになったのか。これはもう、お寺の危機だな」ということが、だいたい分かると思います。

それから、総合スーパーのAEON《イオン》でも、「AEONのお葬式《そうしき》、お墓《はか》、宗派《しゅうは》を問わず三十万円で」などというような新聞広告を五段抜《ぬ》きでバーンと打っているのです。そのようなものを提供されたら、「お寺が危ない」「お寺がもうすぐなくなるのでないか」と思ってしまいます。もちろん、営業妨害《ぼうがい》をするつもりはありませんので、そういう広告を見て、一読者として率直《そっちょく》に反応し、感想を述べているだけですが、「怖《こわ》いな」と思いました。

ついでに、私はその説明書を取り寄せて見てみたのですが、なかを見ると、葬式を三十数万円ですべて行うということで、「全体で××円」などと書いてあるので、お寺よりそうとうディスカウント（値引き）、格安路線です。これではお寺は危ないでしょう。

このように、今はお墓も駄目《だめ》、法名《ほうみょう》、戒名《かいみょう》等もつけない、さらに、スーパー等に葬儀《そうぎ》を全部仕切られてしまうということになれば、お寺は危険です。それに加えて、アマゾンの宅配で、「注文があったらお坊さんが派遣《はけん》される」ということで、ピザ屋の配達と変わらないような感じになってきたので、本当に心配しています。「旧仏教のほうは、この危機感が本当に分かっているのだろうか」と思ってしまいます。

余計なお世話といえば、余計なお世話かもしれません。当会のように新しいことに取り組んでいれば大丈夫《だいじょうぶ》なのですけれども、何百年前とか、千何百年前、二千年前で内容が止まっているところは、こうした世の中のイノベーションについていけないので、大きなところであっても、もしかすると、私たちが見ている間にガサーッと消えていく可能性はあります。

それは、戦後の新宗教も、戦前から始まった宗教もそうですし、何百年という歴史のある大教団も、あるいは消えていくかもしれないのです。コンピュータが発達した現代のビジネス社会の構造のなかに吸い込《こ》まれて、消えていこうとしているわけです。これは、実に実に怖いことです。

「便利さ」の陰《かげ》で失われている「根本的な何か」

そうしたものについて、いろいろなところが格安でサービスしてくれるのも結構ではありますが、それで完成していると思えるのであれば、その中心にある極《きわ》めて大事な「精神的な要素」が抜けているのではないでしょうか。

つまり、お寺そのものから、もはや精神的な要素が抜けており、「死体安置業」や「埋葬業《まいそう》」、あるいは「遺骨管理業」のようになってしまっているため、それに甘《あま》んじているのでしょう。やはり、唯物論《ゆいぶつろん》に流されてしまったら、仏教までもそうなってしまうのは当然のことです。

それであれば、ほかの業者でもできないことはないでしょうし、安くすることもできるでしょう。すでに、ペットの葬儀と変わらないぐらいの値段にだんだん近づいてきつつあるので、少々怖いものがあります。さらにもっと安くしようとするならば、例えば、灰にして川に流すなり海に流すなり、あるいは、「樹木葬《じゅもく》」などと称《しょう》して山林で撒《ま》いたりすれば、それで済んでしまいます。

ただ、「根本的なものが何か抜けていませんか」ということを感じるわけです。ここについては、私たちが今、粘《ねば》っているところです。やはり、「世間《せけん》の常識」というものを、そっくりとそのまま受け入れてはいけないのです。

その世間の常識なるものも、流れとしては、先ほど述べたように、「利用が簡便《かんべん》で低廉《ていれん》」、つまり、「安くなっていくサービス」「便利になっていくサービス」の方向に、すべてが流れてきているようですが、そのなかの重要な部分を失っているのではないかという気がしてしかたがありません。

その内容的な重要さを分からないままに、単にディスカウントをしていけばすべてがよくなるように思うのは、やはり、大きな間違《まちが》いだと思うのです。

アメリカ合衆国などでは、そうしたディスカウント型のものとコンピュータの普及《ふきゅう》とが相まって、日本よりも何パーセントか高い成長率を持って、ある程度の経済発展をまだ続けてはいるのですが、日本ではこの二十五年間、経済発展がほとんど止まっている状況なのです。これは、何か間違いがあるのではないでしょうか。

人々は「便利になっている」と思い、「いろいろなものが安くなり、サービスがよくなった」と思っているのかもしれませんが、何か大事なものを忘れてきているのではないかという気がしてしかたがないのです。

先日、ある有名女性タレントが話していたところによると、「今、都内で眼鏡《めがね》もかけず、帽子《ぼうし》もかぶらずに電車に乗っても、誰も私だと気づかないんです」ということでした。「みんなうつむいてスマホをいじったり、携帯《けいたい》をいじったりしていて、顔を上げてこちらを見ないんです。だから、顔を隠《かく》す必要がなくて、そのまま通っていっても分からないんです」という話を聞いて、「ずいぶん変わったものだなあ」という気がしました。

しかし、これが本当によい方向に向かっているのかどうか、私は若干《じゃっかん》、心配しているのです。

「常識」と正反対のことも言う幸福実現党

日本は、これからいっそうの高齢《こうれい》社会に入っていきますが、聞くところによると、「六十歳定年」という企業《きぎょう》はまだかなり多いようです。政府は六十五歳まで延ばそうとしているのですが、企業のほうはなかなかそうはいかないようで、六十歳前後で定年のところが多いわけです。

しかし、現在の日本人男性の平均寿命《じゅみょう》は八十歳を超《こ》え、女性は八十六歳を超えています。ですから、「定年後の二十年、三十年を、いったいどのように過ごすのか」ということは、国民的な問題、あるいは国家的な問題になろうとしているわけです。

このように考えると、私たちは、そうした時流に流されてはいけないのであって、「ちょっと待てよ」と、考えなければいけないところがあるのではないかと思うのです。

幸福の科学や幸福実現党は、世間では「常識」と言われていることと正反対のことを堂々と言うため、若干、変わったところだと思われているかもしれませんが、しばらくすると、私たちの言っている、その「正反対のこと」が「常識」に変わってくるという流れがあるわけです。

そのため、へそ曲がりでものを言っているわけでは決してないのですが、「何年かしたら、これはこういうふうに見えるはずだ」ということを、そのつどその つど私は言っていることが多いのです。そして、だいたいそのようになってきています。

2 「正しい見方」を提示してきた幸福実現党

「原発の安全性」についても当初から指摘《してき》していた

幸福実現党の候補者などは、よく原発の必要性について鋭《するど》く切り込《こ》んでいますが、これも今、急に言い始めたわけではなく、東日本大震災《だいしんさい》が起きた直後から、私たちはすでに言っていたことなのです。世間《せけん》全体が大振《おおぶ》れして、原発反対で非常に揺《ゆ》れていた当時から、私たちは次のように述べていました。

「原発をすべて止《と》めると、エネルギーの自給率は四パーセントに向けて下がりますよ。それで大丈夫《だいじょうぶ》なんですか」

「今、日本を取り巻く情勢は非常に緊迫《きんぱく》しています。シーレーンという海の道を押《お》さえられたら、日本に石油は入ってきませんよ。四パーセント程度の自給率で大丈夫なんですか」

「代替《だいたい》エネルギーとして、太陽光パネルもやっていますが、東北などでは雪が降ったらもう終わりなのは分かっているし、南のほうでも火山灰が降ったらそれで終わりなので、これはそんなに安定したエネルギーではありませんよ」

「はっきりとした代替エネルギーが開発される

2012 年９月、首相官邸前で原発再稼働を求める集会を行う幸福実現党の支持者たち。

までは、今までに何兆円、何十兆円とお金を注《つ》ぎ込み、営々《えいえい》と努力してつくってきた原発を、そんなに簡単に捨ててはいけませんよ」

このように言ってきたわけです。

東日本大震災のときの状況《じょうきょう》については、地元の方々はさすがに理解されていると思いますけれども、東京など地元以外の地域では、「放射能汚染《おせん》で二万人ぐらい死んだのではないか」というようなイメージを持っている人も少なからずいます。世界各地にも、「チェルノブイリ原発事故のような感じで、たくさんの人が死んだ」と思っている人が数多くいるのです。

実際には、あの方々は放射能事故ではなく、津波《つなみ》で亡《な》くなったわけですが、いつの間にか、そちらのほうに話が〝すり替《か》わって〟いきました。最初は津波の映像をテレビでずっと流していたのですが、だんだん観《み》ている人の恐怖心《きょうふしん》が大きくなってきたので、次に放射能問題のほうに切り替えていったこともあり、そのような感じで受け止めている人がとても多くなったと思われます。

しかし、福島第二原発の事故は、原発そのものが駄目《だめ》になったわけではなく、津波によって電力供給のところが切れたために、原子炉《ろ》の冷却《れいきゃく》ができなくなっただけであり、原発そのものは非常に強固にできています。

以前にも話したことがありますが、日本の建造物のなかでは、原発というのは最強に近いものです。原発の外側を護《まも》っている壁《かべ》の厚さは、戦艦大和《せんかんやまと》のいちばん厚い部分と同じぐらいあるので、魚雷《ぎょらい》が当たっても穴が開かないほどの強さなのです。つまり、そうとう安全性が高いわけです。

むしろ、「マグニチュード９・０の大地震が起きても、原発の装置そのものは傷《いた》まなかった」ということは、誇《ほこ》るべきレベルだと思います。

惜《お》しむらくは、丘《おか》を削《けず》って、低すぎるところに原発をつくったために、津波を被《かぶ》ってしまい、送電の部分がやられてしまったことです。もともとの高さのところにつくっておけば、まったく起きなかった問題であるのに、外国の技術をそのまま入れて丘を二十メートルほど削ったために、津波を被ってしまったのです。

そういう意味では、やや惜しかったと思います。もし、高さが十分であったならば、「世界で最も安全な原発」であることを証明できたはずなのです。

天変地異に込《こ》められた「神意」を受け取り、再度立ち上がる

事故というものは、どうしても起きることもあるでしょう。歴史を見れば、

何百年かに一回、もっと言えば百年に一回ぐらいは、想像を超《こ》えた震災や事件、あるいは災難等が何かしら起きることもありますし、避《さ》けられないものはあるでしょう。

今、東北では万里《ばんり》の長城《ちょうじょう》のような堤防《ていぼう》をつくっており、これも余力があればつくってもよいとは思うのですが、六百年に一回ぐらいの震災になると、もうしかたがありません。そういうものは、たいていは予想を裏切るかたちで起きるので、人智《じんち》でもって後手後手《ごてごて》にやっても、なかなかそう簡単に護れるようなものにはならないでしょう。

だから、どうしても、六百年に一回とか千年に一回、何か日本人を根本《こんぽん》から揺さぶりたいような出来事が起きるということに対しては、甘《あま》んじて「神意」を受け取り、もう一度考え直す必要があると思うのです。「それは、神々が何か伝えたいことがあるのだろう」ということです。

日本列島はもともと火山国ですから、地震などはいつも起きているし、噴火《ふんか》も起きるので、日本に住んでいる以上、絶対に逃《に》げられないのです。しかし、人工的な文明において、人智・叡智《えいち》を尽《つ》くしてつくったものが敗れるような場合には、そこに何らかの教訓を含《ふく》んでいることが多いと思います。

したがって、防ぎ切れないものについてはしかたがないとしても、よくそれに耐《た》え切って残った者は、もう一度立ち上がる力を失わないことが大事だと考えます。

幸福の科学は、逆境に対して非常に強い宗教なのです。逆境になると、ますます燃え上がって強くなってくる宗教なのです。宗教というのは、だいたいそういうものでしょうが、逆風に強いのです。

私は最近、「正義」ということをパシッと立てて、よく語っていますけれども、正義を立てれば、もちろん、それなりに〝反作用〟として来るものもあります。「正義に反する」と定義されたものは、抵抗《ていこう》してくるからです。しかし、言わなければいけないと思ったときには、あえて私は言います。あとは「歴史の検証」に任せることにして、自分が「正しい」と思ったことについては言います。

それが〝変わっている〟ように見えることもあるでしょうけれども、あとから見たときに「正しい」という結論になるのであれば、それで十分です。その間《かん》、逆風、逆境下に置かれたとしても持ち堪《こた》えるのが、信仰者《しんこうじゃ》の基本的な姿勢ではないかと感じています。

混沌とする国際情勢の打開策を「正義」の観点から読み解く。
『正義の法』
（幸福の科学出版刊）

「舛添《ますぞえ》バッシング」に感じる景気悪化の懸念《けねん》

今日（二〇一六年五月二十四日）、緊急出版した東京都知事・舛添要一《ますぞえよういち》氏の守護霊霊言《しゅごれいれいげん》（『守護霊インタビュー　都知事　舛添要一、マスコミへの反撃《はんげき》』〔幸福の科学出版刊〕参照）については、舛添氏の守護霊が先週の金曜・土曜日と二日にわたって私のところに来て、「マスコミに反論したい」と言われたため、土曜日（五月二十一日）に霊言を録《と》ったら、火曜日には本が出ています。この速度は日本一で、週刊誌でも「敵《かな》わん」と言い出している速度です。

今、舛添知事が、「お金を使い込《こ》んだ」「無駄金を使った」ということで攻められています（注。本講演後の六月十五日、舛添氏は都知事辞任を表明した）。

マスコミ等でいろいろ言われていることはいちいち精査に値《あたい》することなのかもしれないとは思いつつも、「ここで、こんな無駄金を使った」などということを追及《ついきゅう》しすぎるあまり、〝ケチケチ運動〟がどんどん流行《はや》っていって、気をつけないと、今、政府が消費を増やそうとしているのに、もっともっと冷え込んでいき、景気を悪くする可能性があります。

上の責任を問うこと自体は、そう悪いことでもないのですが、流れとして、みんなが「自粛《じしゅく》、自粛」というほうに流れていくと、景気がもっと悪くなるのです。

そういう意味で、五年前に東日本大震災が起きた直後には、私も有《あ》り金《がね》をはたいて、一生懸命《いっしょうけんめい》に消費しました。「こういうときこそ使わなければいけない」と思って買ったものです。

それでも、都内のホテルやデパート等では、たいてい、電灯を半分ぐらい消して薄暗《うすぐら》くしていましたし、隅田川《すみだがわ》花火大会も中止するなど、自粛ムードでやっていました。しかし、あまり自粛しすぎると景気がもっと悪くなるので、「これでいいのかな？」と思ったのを覚えています。

今も、熊本《くまもと》の地震があってから、またそういう傾向《けいこう》は出てきています。もちろん、「よそさまで不幸が起きているときに、あまりに華《はな》やかであったら、日本人ではない」というような言い方をされることもあるので、自粛するのも分かるのですが、景気のメカニズムそのものから見

東日本大震災の被災者心情に配慮し、桜まつりの中止告知と花見宴会の自粛を求める東京都が設置した看板（2011年4月1日撮影／東京都・台東区の上野公園）。

るならば、そこにやや危険な傾向があることは事実なのです。

したがって、福島の人を救うために、テレビ等で福島の放射能汚染や、さまざまな苦境などを一生懸命に力説して伝えてくれればくれるほど、福島のものが売れなくなる恐《おそ》れもあります。これは「風評被害《ひがい》」ではありません。電波で伝えていますので、明らかに「電波被害」です。

マスコミには、特定の場所ばかりを伝える癖《くせ》があるのです。熊本地震でも、ひどい被害を受けたのは一部のところなのですけれども、マスコミはそこばかりを映し、そこばかりで感想を聞くので、それ以外の安全だったところはテレビにあまり映らないし、新聞にも書かれません。そのため、視聴者《しちょうしゃ》や読者は「そういうものかな」と思ってしまう面があるのです。そのへんがとても難しいところではないでしょうか。

そういう意味では、私たちは、「悪いところもあればよいところもあり、全体的なバランスのなかでどのように見えているか」ということを、常に考えていなければいけないと思うのです。そうした、「中道的《ちゅうどう》な見方」というか、「正見《しょうけん》」、つまり「正しい見方」「正しい観察」をすることを覚えなければいけないのです。

そのようなことで、幸福の科学の本、あるいは「ザ・リバティ」（幸福の科学出版刊）等の雑誌では、あえて、普通《ふつう》のマスコミとは異なる意見も発表しています。それを、そのまま受け取れない人もいるとは思いますが、そういう意見を出すことによって「中和《ちゅうわ》」している部分があるわけです。「ものの見方が偏《かたよ》りすぎていたら、ちょっと危ないので、中和しなければいけない」というように考えているのです。

3　国民から一千兆円借金し、増税する政府の〝横暴《おうぼう》〟

映画「殿《との》、利息でござる！」に見る、正しい為政者《いせいしゃ》のあり方

先ごろ、江戸《えど》時代の仙台藩《せんだいはん》の話を扱《あつか》った映画「殿《との》、利息でござる！」が公開されましたが、今回、仙台で話をするに当たり、「いちおう観《み》ておかないと話にならないな」と思い、私も観てきました。

映画「殿、利息でござる！」（2016年５月公開／松竹）

この映画は、仙台藩内の、ある宿場町《しゅくばまち》が舞台《ぶたい》です。

その町は、景気が悪くてさびれかかっており、夜逃《よに》げをする人も後《あと》を絶たない状態でした。「このままでは、労役《ろうえき》をかけられても、費用を払《はら》える人がどんどん減っていくから、町がもう持ち堪《こた》えられない」ということで、九人の有志が集まって有《あ》り金《がね》を集め、当時のお金で一千両、今に換算《かんさん》すれば約三億円に当たるお金を、なんと、藩主に……。

まあ、フィギュアスケートの世界王者が藩主の役だったことには、「何だ？ これは」と、さすがにずっこけましたが（会場笑）、地元にとっては意味のある方だとは思います。

その藩主に対し、宿場町が三億円に当たるお金を貸し付けたわけですが、聞き逃《のが》してはいけないのは、藩のほうが、借りたお金に一割の利息をつけたということです。なんと、民間から借りたお金に年間十パーセントの利息を払っていたわけです。

そして、宿場町のほうは、この十パーセントの利息で、宿場の税金やその他のいろいろな賦課《ふか》をかなり埋《う》めることができました。お金を出した人たちが、利息を自分のものにするのではなくて、宿場のために全部使うということにしたら、宿場の会計はかなり楽になり、脱走《だっそう》する人もいなくなって、また栄えるようになったということです。

仙台藩のほうも信義を守り、その後、四十年間ぐらいは利息を払っていたそうです。ただ、いったん払わなくなったことがあったため、もう一回同じようなことをやったという話にはなっていましたが、この映画は実話だそうです。

自民党政府は江戸《えど》時代の仙台藩主《せんだいはんしゅ》に見習うべき

ここで、私には一つ言いたいことがあります。

今、日本国政府は、国民から一千兆円ものお金を借りています。それは、「国債《こくさい》」というかたちで、銀行や証券会社を通してでしょうが、国民が「貸し手」になります。

しかし、現在、これに対しては、ほとんどゼロに近い金利がついているのです。つまり、江戸《えど》時代には「十パーセントの金利」をつけてくれていた話もあるのに、現代においては「ゼロに近い、タダ同然の金利」で国民が政府に貸しているということになります。

そして、政府はほとんどタダで借りておきながら、消費税を五パーセントから八パーセントへ、八パーセントから十パーセントにしようとしているわけです。その時期を二年ぐらい延ばすかどうかを、今、選挙対策による攻防戦《こうぼう》で、一生懸命《いっしょうけんめい》いじっているところです（注。本講演後の二〇一六年六月一日、安倍《あべ》首相は消費税率の十パーセントへの引き上げについて、「二〇一九年十月に延期する」と表明した）。

これは、江戸時代よりひどいのではないでしょうか。江戸時代には十パーセントの利子をくれたのでしょう？　それで、税金を払わせていたのでしょう？それに比べて、今、お金を一千兆円も吸い上げられて、これに利子がほとんどつかず、しっかりと増税だけはするというのでしょう？

これは、いくら何でもおかしいのではないでしょうか。少しは江戸時代に学んでほしいものです。「仙台藩主《せんだいはんしゅ》に学んでください」と言いたい気持ちがあります（会場拍手《はくしゅ》）。

江戸時代は、どう考えても、それほど経済発展していたとは思えません。十パーセントも経済成長していたとは思えないのに、信義を守って十パーセントの利息をつけて、宿場のまとめ役たちにお金を払い、みんなの税金が軽くなったわけです。そういうことが当たり前だと思っていたのでしょう。

その借金を、殿様は何に使ったのかといえば、江戸のほうに送って、官位を上げてもらおうとしていたわけです。「仙台藩は薩摩《さつま》藩と同じぐらいの格はあるはずだ。向こうのほうが先に官位が上がったけれども、自分も同じ位《くらい》にしてほしい」という運動のために、一生懸命お金を持っていって、貢《みつ》ぎ物をしていたらしいのです。

「社会福祉《ふくし》」の名目で消費税をどんどん上げようとしている政府

このような江戸時代の経済学を見て、私は、「考えなければいけないものがあるな」と思いました。

例えば、私が昔考えていたことで、一つ思い出したものがあります。不謹慎《ふきんしん》に聞こえるかもしれませんが、学生時代には、「よく働き、お金を貯《た》めて、できたら、老後は不労所得《ふろうしょとく》で生きていけるといいな」と思っていたのです（笑）。

私も〝昭和男〟ですので、ちょっと古いかもしれませんが、当時は、銀行の定期預金等に預けておいたら、だいたい、六パーセントぐらいは利息がついていたのです。

そうすると、頑張《がんば》ってお金を貯めていき、定年退職をする六十歳《さい》のころに一億円の預金を持っていたとすれば、毎年六百万円の利息が入るわけです。「年間六百万円もあれば、十分に生活ができる。そこまでは行かなくて五千万円しか貯まらなかったとしても、利息が年三百万円はあるから、持ち家だったら、いちおう生活ぐらいはできるかな」と、若いころは考えていたのです。

ところが、今では、利息がつかなくなってきたため、老後にお金を持っていても、不労所得がなくなってしまっているわけです。

それにもかかわらず、消費税だけは、六十歳でも六十五歳でも七十歳でも八十歳でも、〝直撃《ちょくげき》〟するのです。消費税率は、今、八パーセントですが、十パーセント、十五パーセント、二十パーセントと、まだまだ上がっていく予定なのです。

社会福祉《ふくし》を完璧《かんぺき》に、構造的に行おうとするためには、五十パーセントぐらいまで上げる必要があるので、いろいろなかたちでの徴収《ちょうしゅう》を合わせれば、最終的に、国民の負担率は七十パーセントぐらいまで行くはずです。「北欧《ほくおう》型の福祉国家」を目指せば、そのようになります。

しかし、七十パーセントも税金を負担しなければいけないのであれば、むしろ、自分で老後等に備えるほうがましでしょう。自分でやるなら、自分に必要なことのためだけにお金を使いますが、全部を税金で集められて、どこに使っているかもよく分からないかたちでやられたら、これはたまりません。

「国民の財産」を没収《ぼっしゅう》しようとする政府の「肥大化」を防げ

原発にしても、安全なところもあれば、まだまだ使えるところもたくさんあるのに、「全部停止する」ということにしてしまいました（注。二〇一五年八月に川内《せんだい》原発一号機のみが再稼働《かどう》している）。

確かに、〝核《かく》アレルギー〟で「停止する」と言っている部分もあるのでしょうが、これらの原発をつくるために、これまで何兆円、何十兆円と国費を注《つ》ぎ込《こ》んできたわけです。そもそも、半永久的に日本のエネルギー事情を解決しようとしてつくってきたのが原発であって、これは、国民の税金によってつくった財産でしょう。それを、そんなに簡単に放棄《ほうき》されたら困るのです。

さらに、個人の家などを丸ごと相続税で取っていくとか、全部没収《ぼっしゅう》をかけていくとかいうのは、たまったものではありません。「藩のお取り潰《つぶ》し」というのはありましたが、これでは、「個人の家のお取り潰し」がたくさん起きてしまうでしょう。「三代続けば、税率百パーセント」とも言われているとおり、かなり〝きつい〟話なのです。

このように、税金の問題というのは意外に大きなことであり、「小さな政府」になっていくように常に圧力をかけ続けていかないと、どんどん肥大化していきます。

国民に見えないところで〝税金〟を多数つくっている各省庁

もちろん、震災《しんさい》などが起きたりしたら大変だとは思うのですが、これで政府をつついて、「もっとやれ」「もっとやれ」とだけ言っていると、その間に権力がものすごく大きくなっていきます。そして、いつの間にか、財源をたくさんつくられてしまっていることもあるわけです。

特に、国の予算として、一般《いっぱん》に見える「一般会計」以外に、「特別会計」というものがあり、実は省庁別に税金のようなものを持っています。例えば、道路の管轄《かんかつ》は国交省であるため、道路に関する税は国交省に入ってくるわけです。

そのように、「特別会計」といって、各省庁が管轄しているところで発生している税金を別に持っています。

そのため、全体としてはいったいどのようにお金が回っているか、さっぱり分からない状態になっているのです。

郵便局の問題も同じでしょう。郵便貯金等で集めたお金を「財政投融資《とうゆうし》」というもので使っていたわけですが、全体の会計がどのようになっているのかが、よく分かりませんでした。「郵政民営化」がされたといっても、ここのところは、いまだにはっきり分からない部分があります。

ともかく、いろいろな省庁で勝手にお金を使うことで、だんだんだんだん減っていくわけです。

4 「バブル潰《つぶ》し」の責任は政府とマスコミにある

「バブル潰し」に当初から反対していた幸福の科学

さて、日本の停滞《ていたい》が始まったのは二十五年ぐらい前からですけれども、幸福の科学が宗教法人格を取ったのが一九九一年なので、ちょうど同じ時期に当たります。

ところが、世間《せけん》はバブル崩壊《ほうかい》で悲鳴を上げているのに、当会が機嫌《きげん》よく絶好調でやっていたため、「おたくだけ何をそんなに、景気のいいことばかり言っていんですか」などと、（週刊誌等で）非難を浴びたのを覚えています。

確かに、「当会は、昔から正反対のことをやっている」といえばそのとおりかもしれません。ただ、当会の言うとおりに政府がやっていれば、この国は発展したのに、その反対ばかりをやるので衰退《すいたい》していったのです。

例えば、私は、マスコミが「バブル潰《つぶ》し」の大合唱をして、政府もそれに動かされていた時期に、「そんなことをしたら、不況《ふきょう》が来ますよ」と、最初から反対していました。

日本ではバブル潰しに反対した知識人は五人ぐらいですが、私はそのなかの一人であり、はっき

日銀・三重野《みえの》元総裁の霊に、バブル潰しの真相を訊く。『平成の鬼平へのファイナル・ジャッジメント』（幸福実現党刊）

「資産倍増論」は、なぜ長期不況につながったのか。『宮澤喜一 元総理の霊言』（幸福実現党刊）

りと反対していたのです。

当時の政府は、「土地の値段を下げて、住宅が安く買えるようにする」と言っていました。それは、よいことのように聞こえるかもしれません。しかし、「それは、財産が減ることだ」というのは、分かる人にはすぐに分かるでしょう。にもかかわらず、政府は、そういうことをやっていたのです。

政府もマスコミもいまだに認めない「バブル潰しの誤り」

また、当時の政府やマスコミは「株価を下げる」とも言っていましたが、会社も株を持っていれば、個人も株を持っているわけです。

つまり、株価が下がるということは、会社にとっては、「会社の財産が減る」

ということであり、「その会社に勤めている人たちの財産が減る」ということになります。また、個人にとっても、「現在の財産が減る」ということでもあるし、「未来の財産が減る」ということにもなるでしょう。

なお、このあたりについては、〝不謹慎《ふきんしん》〟だと思うこともあるのです。

例えば、日経新聞の社員の場合、個人で株の運用をしてはいけないことになっています。要するに、「株をやると、自分に都合《つごう》のいい記事を書いて、自分の持っている株を上げようとするから駄目《だめ》だ」ということなのでしょう。日経平均に連動する投資信託《しんたく》のようなものを買うのは構わないにしても、個人が儲《もう》かるようなかたちで株取引をやってはいけないわけです。

そのため、経済記事を書いていても実際には株取引をやっていない人たちからすれば、人の儲けがなくなろうがどうしようがあまり関心がないでしょう。

むしろ、人がぼろ儲けしているのを見たら、面白《おもしろ》くないかもしれません。

もちろん、税務署系の人たちも株をやっていませんし、裁判官や検事なども株はやっていませんので、株で儲けている人たちを見たら面白くないし、何か悪いことでもしているように見えるのだと思います。

そういうこともあるので、「株価を下げる」とか、「土地の値段を下げる」とか、「土地融資《ゆうし》をさせない」とかやっているのを見たときに、私は、「絶対に間《ま》違《ちが》っている」と思っていました。

しかし、今まで公式に「これが間違っていた」と認めた人は、政府にもマスコミにもいません。これについては、当会はずっと言い続けているし、保守の言論人でも何人か言っている方はいますが、政府やマスコミはまだ認めていないのです。

ただ、これを認めないかぎり、本当の日本の復興は始まらないでしょう。

資本主義の精神を殺す「バブル潰し」や「ゼロ金利」

やはり、「二十五年間、経済発展が止まっている」などということは、どう考えてもおかしいと思います。

要するに、自分たちで自分たちの「信用の基《き》礎《そ》」のところを崩《くず》してしまったために、こうなっているわけです。さらに言えば、「資本主義の精神を殺した」から、日本が発展しなくなったのでしょう。

「資本主義の精神」はなぜ殺されたのか。
『橋本龍太郎元総理の霊言』（幸福の科学出版刊）

先ほどの江戸《えど》時代の実話にしても、「貸付《かしつけ》をしたら、十パーセントぐらいの利子を払《はら》ってもらうのは当然だ」と思っていたわけです。それは、「お金を借りたらそれを使って、事業を発展させるのが当たり前だ」という考えがあったからでしょう。すでにその時代には、「資本主義の精神」があったのです。

「資本主義の精神」について、簡単に述べるとするならば次のようなことになります。

例えば、お店を開きたいとしましょう。そして、持ち金がないので、銀行から開業資金として、一千万円借りるとします。ただ、その一千万円はすぐに返さないといけないわけではありません。分割《ぶんかつ》して返しつつ、利息を払うわけですが、それ以上に店の利益が出ればよいのです。

飲食店であれば、「食べ物の値段は原価の三倍」というのがだいたいの決まりなので、原価二百円のものなら、六百円で売ることになるでしょう。そうすると、ある程度の利益が出るのは確実です。

その場合、借金も少しずつ返済できていきます。また、最初は赤字でも、だいたい三年ぐらいしたらトントンになって、あとは黒字になるので、返しやすくなるわけです。そういう経済構造で、ずっとやっていました。

ともかく、このように、「店を開いて、お客を呼び、繁盛《はんじょう》させて、収入をあげる」ということができなかったら、資本主義ではありません。

ところが、そういうことができなくなってきました。日銀は、「ゼロ金利」と言っていますが、ゼロではないにしても、限りなく低い金利になっているにもかかわらず、お金の借り手がないような状態です。

つまり、国民は「デフレが続くと思っている」ということでしょう。

反対に、「インフレ」というのは、「お金の値打ちがなくなっていくこと」ですが、そういうときもたまにあります。極端《きょくたん》に言えば、「リヤカーいっぱいにお金の札束《さつたば》を積んでも物が買えない」というような事態がインフレです。発展途上国《とじょうこく》ではときどきこういうことが起きますが、そのくらいお金の値打ちがなくなるわけです。

確かに、「ハイパーインフレ」といって、戦後などにはそういうことがよくあります。そういうときには、お金が〝紙切れ〟になるので、「物を持っているほうがいい」ということで、みな、物を持ちたがるのです。

一方、「デフレ」の時代というのはその逆で、

1923年、ドイツでハイパーインフレが起こり、通貨マルクが暴落。新通貨としてレンテンマルクが導入され、1レンテンマルク当たり1兆マルクと交換された。写真は、その際に銀行の地下室に積み上げられた紙幣の山。

物の値段がどんどん下がっていくため、お金は持っておいたほうが安全ということになります。

それで政府や日銀は、なるべく預貯金に利子をつけないようにして、一生懸命《いっしょうけんめい》お金を使わせようとするのですが、そうすればそうするほど、国民は将来が不安になってくるわけです。結局、財布《さいふ》の紐《ひも》はさらに固くなるでしょう。

こういう感じが今、非常に強く出てきています。

例えば、都知事に対して、お金のところを攻めているのを見ても、何となく、「消費は悪だ」「浪費《ろうひ》は悪だ」と言っているようにも見えるので、気をつけなければいけません。

5　「資本主義の精神」を取り戻《もど》せ

〝金儲《かねもう》け〟が下手《へた》な政府は大きくすべきではない

やはり、もう一度、資本主義の精神を取り戻《もど》す必要があります。そのもとは何かと言うと、基本的には、「二宮尊徳《にのみやそんとく》精神」でしょう。

二宮尊徳という人は、なかった元手を、自分で少しずつ少しずつ、つくっていきました。例えば、石ころだらけの土地を耕して自分の田んぼや畑をつくります。あるいは、伯父《おじ》さんから、「灯《あか》り用の菜種油《なたねあぶら》がもったいないから夜に本を読むな」と意地悪を言われたら、自分で菜種を植えて、穫《と》れた菜種を油と交《こう》換《かん》しました。そして、夜は布団《ふとん》を被《かぶ》って、そのなかで勉強をしたのです。

そのように、農民の身分から、努力を重ねてだんだんに財力を蓄《たくわ》えていき、やがては藩政《はんせい》改革を任され、藩の財政赤字を消していきました。

やはり、こういうものの考え方をする人が大事なのです。

別に、〝締《し》まり屋〟で、質素倹約《しっそけんやく》でケチケチしている部分が一部あってもよいのですが、それが目的ではありません。お金は、無駄《むだ》を抑《おさ》えて大事に貯《た》めながら、もっと有意義なものに使って、だんだん大きくしていくものであり、それが「資本主義の精神」でもあるのです。

しかし、ここの歯車がうまく回転していないのが、今の日本でしょう。

そもそも政府というのは、お金儲《かねもう》けが非常に苦手《にがて》なのです。「〝万里《ばんり》の長城《ちょうじょう》〟

のような堤防《ていぼう》をつくったら、雇用《こよう》を生むだろう」ということぐらいは考えるのですが、「その堤防が何を生むか」についてまでは考えていないところがあります。

確かに、考え方にはいろいろあって、「堤防をつくってしまえ」という考えもあれば、「船をつくって、その上に住めばいい」という考えもあるかもしれません（笑）。そのように、いろいろあることはあるでしょうが、とにかく、政府系は「お金儲け」と「お金を使うこと」に関して、特に弱いのです。

そこで私は、「政府はあまり大きな権限を持たないほうがいい。許認可権限

東日本大震災の津波で被害を受けた気仙沼《けせんぬま》港で行われる直立型防潮堤の建設現場（2016年2月2日撮影）。

をできるだけ下ろして、民間のほうでやれることは、自分たちで判断してやらせるべきだ。『小さな政府』を目指したほうが、絶対によくなる。そうすれば、あっという間に景気回復が始まるだろう」と申し上げているのですが、どうしても「お上頼り《かみだよ》」のことをやりたがります。

また、マスコミも、苦情があると必ず「お上」に言うかたちになっているのですが、やはり、この考え方も改めていかねばならないでしょう。

福島の放射線は「人体に影響《えいきょう》のないレベル」

もちろん、震災《しんさい》を被《こうむ》った東北の地域の方に、あまり厳しいことを言いすぎてはいけないかもしれません。しかし、東日本大震災から五年後に熊本《くまもと》で震災が起き、国は八千億円弱の補正予算を組んでいるわけです（二〇一六年度第一次補正予算）。また、「熊本全体では四兆円か五兆円ぐらいの損害があるのではないか」ということなので、まだまだお金を注《つ》ぎ込《こ》むことになるでしょう。

そういう意味では、そろそろ、東北は自分たちで立ち上がらなければいけないと、私は思うのです。

ところが、震災から五年がたった今も、東京では、レストラン等いろいろなところに、「東日本大震災への義援金《ぎえんきん》」を募《つの》るために、「お釣《つ》りを入れてくださ い」と書かれた募金箱《ぼきんばこ》が置いてあります。そして、寄付をする人もいますし、私自身もすることがあります。しかし、熊本の震災が起きたあたりで、そろそろ東北のほうのマインドを変えなければいけないのではないでしょうか。

また、前述したように、福島で放射能汚染《おせん》が起きた地域は、ほとんど人体に影響《えいきょう》のないレベルになっています。もし、今のレベルが駄目なら、レントゲン写真も撮《と》らないほうがよいでしょう。放射線治療《ちりょう》などもってのほかで、さらに被曝《ひばく》量が多くなります。そうなると、ガン治療もしてはいけません。髪《かみ》の毛が抜《ぬ》けてしまうぐらいですから、被曝量は大変なものです。

要するに、病院などは放射線で満ちているわけで、放射線室もあれば、関連する研究部門もたくさんあって、放射線だらけだと言えます。

私自身も、数年前に次のような体験をしました。

海外講演に行く前に病院で診察《しんさつ》を受けたのですが、その際、放射性物質が入った検査薬を使ったのです。そのため、アメリカに着いたときに、空港で、放射能の探知機がいきなりピコピコ鳴り始め、捕《つか》まりそうになりました。そこはダラス空港だったと思いますが、〝人間核爆弾《かくばくだん》〟と間違《まちが》われたわけです（会場笑）。

病院としては、「放射性物質を入れて撮ったほうが、体の各部分がよく写るし、血管がどのように広がっていくのかが分かるから、そうさせてほしい。旅立つ二週間も前だから大丈夫《だいじょうぶ》だ」と言っていたのですが、実際には、ピコピコ鳴り始め、空港の係官《かかりかん》が飛んできて別室へ呼ばれてしまいました。

私は、「いや、これは、病院の検査で入れただけです。私には何も関係がありません」と言ったのですが、かなり、〝すったもんだ〟したのです。

幸い、その病院が二十四時間体制で医者がいるところだったので、日本は夜中であるにもかかわらず、対応してもらえました。アメリカの空港にファクスを送ってきて、「大川隆法をリリース（解放）してください。彼は大丈夫ですし、安全です。当病院で検査をしたことがあって、そのときに放射性物質を入れたのですが、それがまだ残っていたのでしょう。全然問題はないし、危険もないレベルですから、拘束《こうそく》をやめてください」と伝えてくれたのです。それで、何とか通してもらえたことがありました。

なお、そのあと、行く先々で、毎回止められてもたまらないので、病院のほうから、あらかじめすべての行く先に連絡《れんらく》しておいてもらったのです。さすがに、あちこちで〝人間核爆弾〟と思われたら、たまったものではありません（笑）。

いずれにせよ、「少しぐらい放射性物質を体に入れても、何も悪いことはない」ということです。そんなに心配する必要などないでしょう。

マスコミが食べていくためだろうとは思いますが、報道が〝きつすぎ〟たのです。彼らも、「悪いことを言えば、その後、よくなっていく」と思っているところはあるのでしょうし、それは救済の原理としては分からなくもないのですが、それにしても、報道が一方的すぎるのではないでしょうか。

「全体観」と「中道観《ちゅうどう》」を持ち、各人の「自由」を認めよ

やはり、「全体観」と「中道観《ちゅうどう》」がないといけません。そのあたりをよく知っておいたほうがよいと思います。

一般《いっぱん》的に、人間には、「物事を平均値から見て、全部を数字で考える」という傾向《けいこう》があると思うのですが、人それぞれに、いろいろな生き方があるので、ある程度の範囲《はんい》内で個性に合った生き方をする権利はあると考えてよいでしょう。

例えば、東北では、ここ仙台《せんだい》あたりでも、食べ物の塩分が多くて、はっきり言って辛《から》いと思います。しかし、一流ホテルのレストランで、「東京では、もうちょっと塩分が少ないんです」などと文句《もんく》をつけたら怒《おこ》られるでしょう。それで、「ああ、（東北の食べ物は）辛いものなんだ」と思い、水を飲みながら頑《がん》張《ば》って食べてはいますが、やはり辛いです。

東北の方は、だいたい一日二十グラムから三十グラムの塩分を摂《と》っているらしいのですが、老後の健康を考えた場合、「だいたい七グラムに抑えなさい」と言われています。しかし、これは東北の人には無理かもしれません（会場笑）。

ただ、「これだけ塩分を摂っているために、別の病気を防いでいる」とも言われているのです。塩分があると体が温まるので、冷えから体を護《まも》ります。そうやって、リウマチや関節の病気、あるいは、肺炎《はいえん》などから護っているわけです。

東北の方は塩分の摂りすぎのために早く死ぬことが多いのですが（会場笑）、これがほかの病気を防いでいるので、差し引きしたらどちらがいいかは分かりません。そういう意味では、「地元の自主的な方向に任せるしかない」ということになっているのでしょう。

ところが、科学的には、すべてを平均値で考えがちになります。医療だけでなく、それ以外のものでも同じで、「だいたい平均値を取り、そこからの離《はな》れ方を見て、一定以上離れたら赤字で印刷される」というようなことが多いのです。

もちろん、ある程度の許容範囲があるとはいえ、できるだけ各人が自由に生きていける方向がよいだろうと、私は思います。

例えば、憲法でも私有財産を保障しているわけですから、「起業の自由」があり、利益をあげて儲けたら、きちんと、それを自分で使えるだけの余力がないといけません。ところが、現状では、多くの人がそういうお金を使わないということは、「そんなに儲かっている感じがしないし、先行きもよくない」と思っているのでしょう。

ともかく、このあたりを見通していく必要があると思います。

6 この世とあの世を貫《つらぬ》く「救いのメカニズム」

「守護霊《しゅごれい》の存在」を初めて明らかにした幸福の科学

本章の冒頭《ぼうとう》では、「宗教系の儀式《ぎしき》も、一般《いっぱん》ビジネスに紛《まぎ》れ込《こ》んで、だんだんディスカウントと、コンピュータサービス系のものに置き換《か》えられようとしている」という危険に対して警告を発しました。

これは、あの世を信じていない人にとってはどちらでもいいことなのかもしれません。しかし、「あの世がある」ということがはっきりと分かっている人にとっては重大なことなのです。

私は霊言集《れいげんしゅう》等を出していますが、これらはすべて、あの世の証明のためです。それを三十年以上続けています。多くの人が、「死んだらどうなるか分からない」とか、「あの世を見てきた人はいない」とか言うなかで、ずっとあの世の存在を実証してきているのです。

さらに幸福の科学が明確にしているのは、「死んだらあの世に還《かえ》る」ということだけではありません。「魂《たましい》のきょうだいというものがあって、そのなかに守護霊《しゅごれい》という部分があるんですよ。守護霊は、地上に生まれている本人にほとんど

宗教、政治、経済、教育、科学、芸能など、さまざまな分野における歴史上の人物や、現在活躍中の著名人の守護霊を招霊した霊言集。2016年6月現在、公開霊言シリーズは390冊を超えている。

そっくりですよ」ということも説いています。

例えば、先日、舛添《ますぞえ》都知事の守護霊の霊言を録《と》りましたが、本人に代わって、「舛添まんじゅう」について弁護をしていました（注。舛添都知事が自分の似顔絵が描かれた饅頭《まんじゅう》を、政治資金を使って購入《こうにゅう》していたことをマスコミから追及《ついきゅう》されていた）。それは、本人が言うであろうこととほとんど変わらないような内容でしたが、そのようになっているわけです（前掲《ぜんけい》『守護霊インタビュー　都知事　舛添要一《よういち》、マスコミへの反撃《はんげき》』参照）。

おそらく、守護霊の存在についてここまで明確に説いたのは、当会が初めてでしょう。ほかの宗教でも、それらしいことを言っているところはありますが、「ここまで明確に守護霊の存在を説明し、実証までしました」のは、当会が初めてだと思います。

守護霊の仕組みは、たとえて言えば、小川で回っている「水車」のようなものです。

水車には、ゴットンゴットンと川の水で回っていて、水のなかに入っている部分があります。それは、水の流れを受けて、抵抗《ていこう》感を受けながら回っている部分ですが、ここが「地上にいる肉体」に当たるのです。

一方、それ以外の部分は空中に出て、水のないところを回っていますが、これが、あの世にいる「魂のきょうだい」、あるいは「守護霊」と呼ばれる、自分の潜在《せんざい》意識の部分になります。

水車は、水のなかに一部が入っているからこそグルグルと回るのです。そして、水車が回ることによって水車小屋のなかにエネルギーが伝わっていき、緻《ち》密《みつ》に粉を挽《ひ》くなど、用を足せるようになっています。

私たちも、そういう存在であるということです。

それを理解するのはとても難しいことではありましょうが、これだけ努力して実証し続けているので、「これが真理だ」ということを分かってください。

また、すでにそれが分かった方は、まだ知らない方々に、「ちょっと目の鱗《うろこ》を取って、真実を見てください」と伝えてほしいのです。

宗教だけで救えない部分もカバーする「幸福実現党」の活動

この観点から見たら、戦後の科学主義的な考え方、「科学教育がすべて」という考え方のなかに間違《まちが》いがあることが、はっきりと分かるでしょう。教育のなかに間違いがあるのです。

やはり、「唯物論《ゆいぶつろん》的な証明ができないものは信じない」、「『あの世なんか見たことがない』というだけで、信じない」ということでは困るのです。それでは、実際にあの世に還ったときに、どうしていいか分からなくなってしまいます。だからこそ、生きているうちに、「人間には魂があり、死んだらあの世に還る。実相の世界、実在界に還るのだ。そして、そのいちばん上には神仏が存在するのだ」ということを知ってほしいのです。

さらには、「人間は、魂学習のためにこの世に生まれ変わり、何十年か生きてあの世に還っていく存在なのだ。この世のなかでいろいろな試練や困難を経験するけれども、それらはすべて、魂にとっての経験となり勉強となる。その思い出を持って、あの世に還るのだ」ということもまた真実です。

したがって、この世では、津波《つなみ》を受けることもあれば、交通事故に遭《あ》うことも、病気になることもあるでしょう。学校の勉強ができないこともあれば、できることもあります。あるいは、会社が潰《つぶ》れることもあれば、転職することもあるわけです。さらに、結婚《けっこん》することもあれば、離婚《りこん》することもあり、子供ができることもあれば、子供が亡《な》くなることもあります。また、父や母が亡くなるなど、さまざまなことがあるわけです。

そのように、いろいろな経験をするけれども、同じような時代、同じような環境《かんきょう》に生まれることは二度とありません。その環境、その時代に生まれることは一度きりであり、そこで新しい個性を獲得《かくとく》してあの世に還り、次に転生《てんしょう》するまでの間、その個性を保っているのです。

また、この世で、どういう試練や逆境のなかで戦い、生き抜《ぬ》いたかによって、あの世での行く先が変わっていきます。

この世では玉石混交《ぎょくせきこんこう》で、いろいろな方が一緒《いっしょ》にいるわけですが、あの世に還ったら、それまでとは違った人と会うようになるのです。そのように、それぞれの魂が、今世《こんぜ》、どの程度の試練に耐《た》えたかによって、行く先が違ってきます。はっきり言えば、「信仰心《しんこうしん》を失わずに、逆境と戦い、戦い抜いて、信念を曲げなかった人が、安らいだ世界に、そして、多くの人たちを導ける世界に還る」ということです。

こうした信仰の下《もと》、私たちは単なる宗教の範囲《はんい》にとどまらず、この地上を「仏国土《ぶっこくど》ユートピア」にしていくために、政治運動も起こしています。

どうしても宗教だけではカバーし切れない部分があるので、この世の実際のものの考え方にも影響《えいきょう》を及《およ》ぼしていこうと、幸福実現党もつくりました。

二〇〇九年の立党以来、七年間戦っていますが、まだ政党として続いていま す。ほかの政党から見れば、これは奇跡《きせき》でしょう。

ただ、そろそろ突破《とっぱ》してください。苦難、困難があるからこそ、ここを突破 すると、みなさまがたの勲章《くんしょう》になります。そして、未来が拓《ひら》けるのです。

この仙台《せんだい》を中心とした東北、これから、沖縄《おきなわ》、広島など、いろいろなところ で苦しみがあるかとは思いますけれども、明るい日本のために、その苦しみを 押《お》し流し、逆境に打ち克《か》ち、未来に光を灯《とも》していきましょう。そういう運動こ そ、私たちがこの地上でやらねばならないことだと思います。

どうか、粘《ねば》り強く、粘り強く、〝東北精神〟を生かして頑張《がんば》り続けようでは ありませんか！（会場拍手《はくしゅ》）

第2章

未来へのイノベーション

二〇一六年六月十二日　説法《せっぽう》
愛知県・名古屋正心館《なごやしょうしんかん》にて

1　未来事業モデルとしての幸福の科学

十三年前に構想ができていた名古屋正心館《なごやしょうしんかん》

　ようやく、名古屋正心館落慶《なごやしょうしんかんらっけい》の運びとなりました（注。本章のもととなる説法《せっぽう》は、幸福の科学の研修施設《しせつ》である名古屋正心館の落慶日に行われた）。記録を見てみると、名古屋正心館の構想そのものは、私は二〇〇三年につくってあり、研修の内容もそのときにほぼつくってあったので、十三年前にはすでにできていたわけです。この世の時間はゆっくりと流れていて、「十三年もたったのか」と思いました。しかし、急ぐと小さくなるので、少し遅《おそ》くなった分だけ立派なものが建ったような気がします。

当時は、まだ、東京正心館が開《あ》いて間もないころだったので、私は、全国に正心館を建てる計画を立てていて、外国の正心館の研修内容までつくっていたのですが、周囲はみなあきれていました。本格的な海外伝道が始まったのは二〇〇七年以降のことですから、それがまだ始まっていないころに、海外の精舎《しょうじゃ》の研修内容までいろいろとつくっていたので、「気が早いな」と思う人もいたでしょう。

しかし、この世の時間は、いつの間にか

2016年6月12日に落慶を迎えた名古屋正心館。

流れていくものであり、考えが先にあって、あとから現実がゆっくりゆっくりとついてくるものなのです。そして、そういう考えがまったくないと、毎年毎年、デタラメにやることになります。

幸福の科学も、いろいろなことをしているように見えながら、その「考え」は、わりに深いところに、早いうちからあるものであって、「未来」を見ながら、「現実」に合わせて少しずつ少しずついろいろなものをつくっていっている感じです。

名古屋正心館にしても、〝先に〟構想がありました。その間に、例えば、幸福の科学学園那須《なす》本校と関西校の二校の創立と、ハッピー・サイエンス・ユニ

講演会「未来へのイノベーション」の本会場風景（6月12日、愛知県・名古屋正心館 礼拝《らいはい》堂にて）。

バーシティ（ＨＳＵ）の創立が入ってきたわけですが、実は、構想を立てた時点では、それらのものはまだなかったのです。そのため、名古屋正心館は〝割り込《こ》まれた〟かたちになって、少しあとになったところはあります。

ただ、宗教としては、こちらのほうが本道《ほんどう》の部分かと思うので、この足場をしっかりする必要があります。また、中部地域は、おそらく、建物がないと信用しない所であるので、このたびの落慶により、今後はきっと信用が増し、有名になってくるのではないかと思います。

また、名古屋正心館は「新幹線から見える」ということがとても評判になっています。みな、名古屋を通るたびに、「見えたか、見えなかったか」と言っています。「おかしいな。その方向は反対だから見えるわけないのにな」と思いながら、ワアワア言っている方を見ていて、まあ、おかしいのですが（笑）。

聞くところによると、今日（二〇一六年六月十二日）の講演には、海外からも、少ない枠《わく》を押《お》さえて入ってきた人がいるとのことであるので、まことにご苦労様です。本法話《ほうわ》の〝参加料〟よりも旅行費用のほうがよほど高いのでしょうが、「記念の日に参加する」ということはめったにないことなので、よいことだと思います。

「勤勉第一」で、先に向けて準備をしていくことが大事

名古屋正心館は落慶がやや遅くなった部分はありますけれども、「降魔成道《ごうまじょうどう》からの発展・繁栄《はんえい》」をテーマにしているように、実は、幸福の科学において、名古屋は「降魔成道の地」●です。地元の方はよくご存じのところではあるでし

●**降魔成道の地**　大川隆法が在家の商社マン時代、名古屋支社勤務のときに、霊的な面で悪魔との対決・勝利を経て出家・独立し、幸福の科学を創立したことを指す。

よう。

今、当会は、二本の実写映画を予定していますが、再来年に公開する映画のほうについては、おそらく、来年、名古屋ロケがあるはずです。そのなかで、降魔成道に関わる話があるため、その部分の撮影《さつえい》は名古屋ロケになるだろうと推定しています。どうぞ楽しみにしておいてください。

降魔成道における精神的な葛藤《かっとう》の側面についてはどこまで描けるか分からないほど難しいものがありますけれども、私のほうはすでに、映画の原案と、歌の歌詞を四つまではつくってあります。

今日のテーマは、「未来へのイノベーション」となっていますけれども、現実はそんなもので、「勤勉第一」なのです。未来にやりたいことがあれば、とにかく、毎日毎日、そこに向けて準備していくことが大事であり、そのときになって急に「つくろう」と思うようではいけないわけです。

ですから、「実際は二年後に上映されることになるはずの映画をつくるに当たり、台本さえまだできていない段階で、すでに、映画のなかで使う歌の歌詞まで書き終えている」という、この速さが当会の特徴《とくちょう》なのです。

普通《ふつう》は、すべてを撮《と》り終えたあとに、音楽家がシーンを観《み》ながら、「ここに合う音楽は……」とつくるものです。

私の場合はそうではなく、先に歌の部分をつくっておくのです。「これに合わせて台本を書け」という考えでいっています。つまり、その歌がはまるように台本をつくらなければいけないわけです。

もちろん、先に原案はつくっているのですが、台本をきっちりと歌詞に合わせてつくっていて、一般《いっぱん》的なつくり方とは違《ちが》う方法をとっているのです。ですから、ほかのところが聞いたら、多少驚《おどろ》くかもしれませんけれども、だいたいそんな感じでつくっています。

例えば、名古屋正心館をつくるに当たっても、私が「名古屋に正心館をつくろう」と言っただけでは、できはしないのです。

まずは、「名古屋正心館でこういう研修を行いたい」といったものを一通り出し、「これだけあればできるはずだ」というものをつくると、ようやく、財務部門や拠点《きょてん》開発部門が腰《こし》を上げます。「これは本気だな」と信じて、やっと動き始めるわけです。

さまざまな事業を「同時並行《へいこう》」で進めている幸福の科学

ただ、今回の名古屋正心館の建立《こんりゅう》については、同時期に大学（ＨＳＵ）開学事業もあったために、予定より二年ほど遅《おく》れたのではないかと思います。同時期に行うのはかなりきついため、一つひとつ片付けていく必要があるわけです。

また、今年は、六月落慶の名古屋正心館のほかにも、四国の「エル・カンターレ生誕館」が年内に落慶予定なので、当会もけっこう頑張《がんば》ってはい

日本発の本格私学であるＨＳＵ（ハッピー・サイエンス・ユニバーシティ）

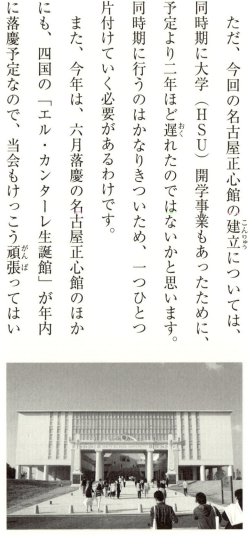

るのです。名古屋正心館、参議院議員選挙、エル・カンターレ生誕館と続きますが、これは、私ではなく、信者のみなさんが非常に頑張っているからでしょう。たいへん優秀《ゆうしゅう》なみなさんであると思います。しかし、世間《せけん》はそのことをまだ十分に分かってくれていないので、みなさんは本当に陰徳《いんとく》を積んでおられるのではないでしょうか。

宗教学者が書いたものを読んでみると、「密教《みっきょう》系の某《ぼう》宗教が非常に発展し、信者数が増えている」と書いてありましたが、ものすごく発展しているのかと思って読んでいくと、「年間一万人ぐらい信者が増えている」とありました。これは幸福の科学の信者が見ればバカバカしく思えるような話で、当会の方はもっともっと伝道をしておられます。

その某宗教は、それほど発展しているのに、一方では「×千億円の負債《ふさい》があるかもしれない」とも言われているので、それは危ないのではないかと思います。毎年一万人ぐらいが増える程度でそれほどの負債があるとすれば、倒産《とうさん》の危機もありうる宗教です。宗教だから倒産しないというわけではないので、かなり危ないと言えます。

幸福の科学グループでは、ここ数年間で学園を二つつくり、ＨＳＵをつくって、その間、国政選挙にも取り組みつつ、名古屋正心館、さらに四国の生誕館を建てるわけですが、これでも銀行から一円も借りていません。これは、全国銀行協会から表彰《ひょうしょう》を頂きたいぐらいのものです。もちろん、お金を借りてくれない人を表彰したくないでしょうが（笑）。

銀行の方は私にとても会いたがっているようですが、もし会えば、絶対に「何か使え」と言ってくるはずなので、会わないようにしているのです。

このようなことを自前《じまえ》で行《おこな》っているというのは、やはり、私の力ではなく、信者のみなさんがとても優秀だからこそできることであるし、熱心だからでしょう。

健全で積極的な発想を持って着実に事業を前進させる

名古屋正心館の館長も非常に勢いがあって、この精舎は無借金で建てたにもかかわらず、借金があるかのごとく働くつもりでいるようです。本当は無借金であり、自前で貯《た》めた手金《てがね》で建てているので、潰《つぶ》れる心配はまったくないのですが、あたかも名古屋の銀行から借りたかのごとく、「何とかして、三年ぐらいでこの代金を回収したい」と考えるのです。これが当会の強みです。

このように、当会の人は、健全なほう、積極的なほうに物事を考えていくわけです。

それは、名古屋正心館のことだけを考えるならば、そうする必要はないかもしれませんし、十年二十年とかけてゆっくり回収しても、もちろん、どうということはないのですが、銀行から借りたものと思って代金を回収し、返済するような気持ちで取り組むことによって、早い話が、次の正心館を建てられるようになるわけです。ここで使った分のお金をすべて取り戻《もど》せると、「次の正心館が建つ」ということです。

埼玉《さいたま》正心館についても、だいぶ前から土地を買ってあったのですが、名古屋正心館が建つと、「どうも、これでは小さいみたいだ」ということで、買った土地を売り払《はら》い、もっと大きいものを建てるつもりでいます。

さいたまスーパーアリーナで大祭《たいさい》を開催《かいさい》したりしていることもあり、なかなか小さいものを建てられないわけです。あそこも本当に〝難しい〟場所であり、幸福の科学の総本山《そうほんざん》が宇都宮《うつのみや》（栃木県《とちぎ》）にあるため、実に建てにくいところなのですが、「もっと大きいものにしなければいけない」というようなことを考えています。

そのようなわけで、いろいろな試練を受けながらも、着実に前進してきているのはとてもうれしいことです。

名古屋の書店を回って自著の売れ行きを確認していた会社員時代

名古屋の地に来ると、やはり、若いころの思い出が戻ってきます。

すでに三十年余りたちましたが、夢幻《ゆめまぼろし》のようであり、「いったい、この三十年間、何をしていたのかな」と思います。

三十年少し前には、確かに、会社員をしながら、毎日、合間《あいま》の時間に、自分の本が売れたかどうか、名古屋《なごや》の書店を見て回っていたのを覚えています。当時は、「二冊あった本が一冊に減った！」などということを見ていたので、あのころのささやかな感じを思うと、結果を見るに、「いやあ、ずいぶん押してきたなあ」と感じるものはあります。

ここまで来たら、あとは時間をかけてより大きく力をつけていくしかありません。

世界宗教までの道のりが遠く、気の毒だったイエスの弟子《でし》たち

最近、関東圏《けん》でも二、三館しか上映していないようなマイナーな映画で、イエス様の復活に関する「復活」（二〇一六年公開のアメリカ映画）という作品があります。

　この映画は、アメリカではかなりヒットしたのですが、一般的な日本人はまず観ないでしょう。日本人は「イエスが復活してからどうした」というような映画にあまり関心がないため、少ししか観に行く人はなく、ほとん

映画「復活」（2016年5月日本公開／ソニー・ピクチャーズエンタテインメント）

どはクリスチャンだと思われます。それを観ると、イエス様がかわいそうでかわいそうで、しかたがありません。あまりにも教団が小さく、支部の一つも建っていないので、本当にかわいそうなのです。

お金はないし、「網《あみ》を打ったら魚が獲《と》れた」とか、「パンが多少多めに増やせた」とか、その程度の奇跡《きせき》なのです。「こんなものでやっていたのか。これで『世界伝道をしろ』と言っていたのでは、弟子《でし》もかわいそうだ。大変だなあ」と思いながら観ていました。

「私はイエスの復活を見たんです」と話しても、「それは幽霊《ゆうれい》でも見たのではないの?」と言われたら、どう言い返すのだろうかと思いました。「『あなたには見えて、ほかの人には見えていないというじゃない。それは幽霊でしょう? そんな話なら、どこでもあるようなものなんじゃないの?』と言われたらどうするのか。これで世界宗教をつくれるかなあ」と、観ていて非常に不安を感じました。

かわいそうなことに、イエスが十字架《じゅうじか》で処刑《しょけい》されたあと、十二人いた弟子も蜘蛛《くも》の子を散らすようにいなくなってしまいました。

その後、「復活を見た」ということで、彼らも最後にはまた戻ってきたりするものの、現実世界の力のほうが強すぎたために、それから何百年も迫害《はくがい》を受けながら、立て直しをしていくことになりました。そして、大きな宗教になると、今度はほかのものを押さえるところまで行くわけです。

キリストの復活シーン（「キリストの変容」／ラファエロ・サンティ画、ヴァチカン美術館所蔵）。

幸福の科学の強みは「リアリズムと〝神秘イズム〟の両立」

それに比べると、幸福の科学はまだ三十年余りではありますが、現実的には、ずいぶん前に進んできたものだと感じるのです。

その意味では、「考え方」と、「現実にやっていく力」というのは、非常に大事なところがあると思っています。

それがあまりにも信仰心《しんこうしん》を薄《うす》めたり、霊的な人生観を薄めたりするようになってはならないのですが、当会のいちばん強いところは、「現実世界においても極《きわ》めて合理的で、リアリズムを持った考え方ができると同時に、〝神秘イズム〟の世界、信仰の世界、それから霊的な世界についても純粋《じゅんすい》な信仰心も持っており、これを両立させている」というところなのです。

さらに、これはおそらく、「未来の科学が発展する社会とも共存できる宗教」だと言えるでしょう。今の段階で、「未来科学の発展する社会と共存できる宗教」というのは、あまり見当たりません。この矛盾《むじゅん》はどんどん広がっていくので、この部分をどのようにしてまとめ上げるかというところが、非常に難しいのではないかと思います。

ですから、当会の信者のみなさんがしている仕事は、今はまだまだ、「日本の大きな教団の一つ」というぐらいにしか世間から見られていないとは思いますけれども、やがて、〝世界史的〟には必ずもっともっと大きなうねりになっていきます。

そのなかで、現在ただいま貢献《こうけん》できているというのは、すごいことだと思います。

イエスの十二弟子ぐらいが行《おこな》っていたようなことを、すでにここ（名古屋正心館）だけでも千人以上の人が入り、行っていると言えます。

そういう意味で、今回の救世事業においては「菩薩《ぼさつ》や如来《にょらい》、天使たちを大量生産するシステム」をつくりえたと、私は思っています。後世《こうせい》、きっと、そういうかたちの評価が出るのではないでしょうか。

宗教としては、変わっていると言えば変わっています。「仕事の仕方を教えてくれる宗教」など、私もあまり聞いたことがありません。はっきり言えば、キリスト教を信仰したからといって、仕事ができるようにならないでしょう。

例えば、イエス様が大工《だいく》の仕事を教えたかといえば、特に教えていたようには思えませんし、みなが食べていけるように考えてもくれなかったはずです。

仏陀《ぶっだ》にしても、特に考えていたようには見えないのです。

その意味では、当会は面白《おもしろ》いモデルだと思いますし、今は「宗教」と考えられていますが、他の分野のいろいろな事業をしている人たちが、いずれ、幸福の科学を研究するようになるでしょう。「宗教研究」ということだけでなく、「未来モデル」として、「未来事業モデル」として研究することになるのではないかと考えています。

2 〝危険領域〟に入ったアベノミクス

安倍《あべ》首相はマイナス金利の時代を分かっていない？

先ほど、無借金経営についての話をしましたので、ついでに述べておきたいことがあります。「無借金」ということをあまり言われると、銀行業界等も困るでしょうから、今、「ゼロ金利の時代にお金を借りる人のほうが賢《かしこ》く、お金を使わない人は賢くないのだ」ということを流行《はや》らせようとして頑張《がんば》っているように見えるのです。

確かに、ほぼ利子が要《い》らない、利息が要らない時代に入ってきたというのであれば、借りて投資すればよいようにも見えるのですが、実際の動きは非常に鈍《にぶ》い状況《じょうきょう》です。これが、現政権の悩《なや》みの一つではあるのです。

ただ、ここは一言《ひとこと》、言っておかなければいけないと思うことがあります。

確かに、何十年か生きてきて、その間に、これだけ金利が低い期間はめったにありません。このくらい低い金利だと、いろいろな事業がいくらでもできそうに見えますし、建物もいくらでも建てられるような気がするかもしれません。しかし、現実に動かないでいるのは、よく〝逆振《ぶ》れ〟することを多くの人が知っているからでしょう。

今日（二〇一六年六月十二日）の中日新聞に、エコノミストの浜矩子《はまのりこ》氏のコラムが載《の》っていたのですが、そこには次のようなことが書かれていました。

「安倍《あべ》総理は記者会見で、『現下《げんか》のゼロ金利を最大限に生かし、未来を見据《みす》えた民間投資を大胆《だいたん》に喚起《かんき》します』と言っていたが、総理は日銀がマイナス金利を導入しているのをご存じないのだろうか。まさか、そんなはずはない」

そのようなことが書いてあって面白《おもしろ》かったのですが、まさに、そのとおりでしょう。日銀のほうは公式に、「マイナス金利を導入した」と言っていますし、現実に、ここ名古屋正心館《なごやしょうしんかん》に来る前に日本国債《こくさい》の長期金利を見ると、マイナスでした。マイナス〇・一よりも低かったと思います。

要するに、国債の金利がマイナスであれば、「自分のお金を投資して日本国債を買い、数年以上もの長期間保有した場合、財産が減る」ということです。これで国債を買う人が本当にいるのでしょうか。

やはり、「確実に財産が減るのを分かっていて、自分が貯《た》めたお金を国債に換《か》えたい人が本当にいるのだろうか」という素朴《そぼく》な疑問はあります。

「マイナス金利」が及《およ》ぼすマイナスの影響《えいきょう》

もちろん、マイナス金利になったので、政府にとっては「国債の利払《りばら》い」は楽になるでしょう。「財政赤字の利払い」のほうが大きいため、それを少なくできるという効果は、おそらくあると思います。

しかし、「これでデフレから景気回復して発展する」と思っているのであれば、アベノミクスは、今や、実に危険な思想まで来ているのではないでしょうか。

つまり、単純な話で述べると、「一億円で五年物や十年物の国債を買いました。ただし、五年たつと、預けた一億円から何百万円かは確実に減ります。それでも、みなさんは買い続けますか?」ということです。

そうなると、当然、国債のお金を引き揚《あ》げ、金庫を買って自宅に隠《かく》すか、畳《たたみ》の下に隠すしかないでしょう(会場笑)。もし、ほかの銀行もマイナス金利を導入することになれば、もうお金を預けられませんから、多くの人がそういうことをやり始めると思います。

要するに、はっきり言えば、政府は、お金を持っている人に〝罰金《ばっきん》〟をかけようとしているのです。「お金を持っていたら罰金をかけるぞ。だから、消費に使え。お金を持っていて、バンッと(金融《きんゆう》機関等で)投資するような人は悪人だから、罰金をかけてやらなければいけない。今すぐお金を使え! 即《そく》、使うんだ!」という感じで、強制しているわけです。

そのように、「『マイナス金利』という〝罰金金利〟をかければ、みな、お金を消費に使うに違《ちが》いない。それで景気がよくなる」と政府は思っているようですが、それは少し甘《あま》いのではないでしょうか。

やはり、リスや蟻《あり》でさえ、将来のために蓄《たくわ》えをします。それが目減りしていくのであれば、別のことを考えるはずです。

例えば、リスの場合、クルミを貯めても、それが一定の割合で腐《くさ》っていくことが分かっていれば、その分を余分に計算しなければいけません。

あるいは、蟻の場合も、砂糖を運んできて、それが傷《いた》んでいくのはどの程度かが分かっていれば、その分を計算して、生き残るためにはどのくらい要るのかを考えると思います。

人間であっても同様でしょう。お金を預けて運用しても、絶対に損をするのであれば、それなりに考えるわけです。

もちろん、「得をする場合もあるが、損をする場合もある」ということであれば、構いません。しかし、「絶対に損をすることが分かっているものを買い続ける国民が、どれだけいるか」ということを考えると、アベノミクスは非常に危険だと思います。

安倍首相は「日本発の世界恐慌《きょうこう》」を恐《おそ》れている?

実は、ここ名古屋正心館へ来る前に、三日連続で霊言《れいげん》を収録したのですが、「小泉純一郎《こいずみじゅんいちろう》元総理の守護霊《しゅごれい》霊言」を録《と》った際、彼は最後のほうで、「一千兆円以上の財政赤字があるので、安倍さんは、日本発の世界恐慌《きょうこう》が起きるのではないかと、本当は怖《こわ》くてしょうがないのではないか」というようなことを言っていました（注。二〇一六年六月十日、「日本をもう一度ブッ壊《こわ》す――小泉元総理守護霊メッセージ――」を収録した）。

私は、「それは当たっているのではないか。そのとおりなのではないか」と思います。

G7《ジーセブン》（伊勢志摩《いせしま》サミット）で、各国の首脳を集めて、「リーマン・ショック級のものがまた起きるかもしれないから、各国が足並みを揃《そろ》えて財政出動をしようじゃないか」と日本が提案しても、みんな全然乗ってきませんでした。「理解を示した」にとどまって、「おたくはどうぞ。私たちは緊縮《きんしゅく》財政をしておりますので」というような感じでやっていましたが、実は、安倍首相は、「日本が財政赤字でぶっ潰《つぶ》れたらどうなるか」と、本能的に怖がっているのではないかと思われるのです。

実際、マイナス金利で、「国債を買ったら、〝罰金〟を取られて損していく」というのであれば、日本の国債は危ないのではないでしょうか。みなさんは、それをずっと買い続けますか。そのようなことはせず、売り払われるかもしれません。そうしたら、どういうことになるでしょうか。

要するに、これは、「政府は借金をしないと運営ができないようになっているのに、そのお金を貸してくれるところがなくなる」ということです。そして、「これが意味することは何か」というと、いずれ来るのは、「政府の倒産《とうさん》」でしょう。それが、本当に来ようとしているわけです。

今、（自民党は）選挙のスローガンで、「アベノミクスをさらに加速させるか。それとも、後退させるか。これが争点だ」と言っていますけれども、どちらも怖いでしょう。「とにかく何もせず、健全な判断ができる方《かた》にしていただきたい」というのが私の本音です。

やはり、真《ま》っ当《とう》に、当たり前の頭で考えなければいけません。そうすると、日銀でマイナス金利を始めたけれども、「本当は、（安倍首相は）その意味を分かっていないのではないか」と思える節《ふし》があるわけです。

3　今は「真っ当な経済観念」が必要

デフレの時代は、お金を放さないほうが有利

なお、アベノミクス自体のもともとの姿勢は合っており、それは幸福実現党が言っていたとおりでした。「金融緩和《きんゆうかんわ》、財政出動、成長戦略の三つで、日本経済を発展させられる」というのは、幸福実現党が言っていた政策であり、安《あ》倍《べ》さんが首相になってから〝ご採用になった〟政策なのです。

私は、そのなかで、「消費税上げをしたら駄目になる」ということも、はっ

きりと、繰《く》り返し繰り返し言っていました。「異なる方向にあるものを同時にやったら、この作戦は潰《つぶ》れる。失敗する」と言っていたのですが、安倍首相は、「私が言っていることがまったく外れないこと」を証明するかのように、消費税上げをまんまとやってくださいました。そして、今、（アベノミクスは）潰れてきつつあるわけなので、まことにお気の毒なことです。

いずれにしても、先ほど述べたとおりで、要するに、今、「お金を持っている人が、それをもっと大きくしようとして投資すると、損をするようなシステム」をつくろうとしています。

そのような状況《じょうきょう》で、お金持ちの人は、「投資するのをやめて消費に走ろう」と思うでしょうか。

デフレの時代というのは、先行き、物が安くなっていくので、お金を持っているほうが有利なのです。例えば、「今年はお金があるから、一千万円の高級車を買おうか」と思っても、「来年は、この高級車が九百五十万円になるかもしれない」と思えば、買わないでしょう。

そのように、物が売れないのがデフレの時代であり、経済観念のある人ほど、お金を放さなくなります。

こういう人に消費をさせようとしているわけですから、実に難しいのです。「馬を川まで引っ張っていくことはできるけれども、強制的に川の水を飲ませることはできない」という諺《ことわざ》がありますが、まさしくそのとおりで、「引っ張っていくことはできても、飲ませることはできない」という状態になっています。

真っ当な経済観念を持つ人間の本能を信じたほうがよい

とにかく、名古屋《なごや》商人というか、名古屋の人間のような、経済観念の発達した人の判断を、もう少しよく聞いたほうがよいと、私は思うのです。

今、東京都では、「ケチ」が攻《せ》められており、マスコミは、「ケチな人間は、人間ではない」というような攻め方をしていますが、名古屋へ来たら、そのようなことはないでしょう。ケチであるということは、名古屋では当たり前であり、「合理的な人間」、「経済観念の発達した人間」ということであって、人間としては中道《ちゅうどう》です（会場笑）。

ケチであって何が悪いのでしょうか。〝どケチ〟は少し問題がありますが、ケチは中道であって、「ケチで、愛知県知事がクビになる」などということは考えられないことです。それはほめられることであって、「知事はケチだなあ。でも、それはいい傾向《けいこう》だ。ケチだったら、無駄なことにはあまり出資しないだろう」と思ってもらえるので、普通《ふつう》はよいことだと思います。

東京ではケチはいけません。宵越《よいご》しの金は持ってはいけないのが江戸《えど》です（会場笑）。

そのため、「宵越しの金を持って、『それを自分の金として蓄《たくわ》えよう』と思っているなんて、けしからん！　そういうことは許せない。選挙事務所などでも、『トイレの水は一回で流すな』というようなケチなことを言っているらしい」ということになるわけです（会場笑）。

ただ、名古屋の人から見たら、それはもう当然のこと、当たり前のことではないでしょうか。例えば、「小をしたときに大のほうの水を流すなよ」と言われます（会場笑）。そんなことをしたら、水道代がもったいないからです。

そのように、舛添《ますぞえ》さんは〝当たり前のこと〟を言っているだけなのに、それを東京の人は攻めまくっているわけで、「そういうことだから、借金体質になるんだ」と言いたくなります。

これは、決して、〝漫才《まんざい》〟をやっているわけではありません。分かりやすく言っているだけのことなのです（笑）。

どうも、今は、政府など〝お上《かみ》〟のほうがあまり信用ならないので、真《ま》っ当《とう》な経済的観念を持った人間のセンスというか、本能を大事にしてください。やはり、そちらのほうを信じたほうがよいと思います。

今、日本の経済については幸福の科学に訊《き》いたほうがよい

例えば、大きな予算を持っていて、「頭がいい」と思ってやっている人たちの考えていることが、どうも怖《こわ》いのです。

今は、財務次官が交代時期に入っており、現在（説法《せっぽう》時点）の財務次官は、東大の剣道部《けんどうぶ》で私の一年上にいて、一緒《いっしょ》に竹刀《しない》で打ち合っていた人なのですが、今年の財務次官になる次の人は、私の同期で経済学部出身の人です。

今回、十七年ぶりに経済学部からの財務次官になるのですが、両者とも、安倍首相が、「言うことをきく」と思って採用した方であることは間違《まちが》いないでしょう。確かに二人とも、よく言うことをきくタイプの人です。

そのように、安倍官邸《かんてい》に反旗を翻《ひるがえ》さないようなタイプの人を財務次官に上げていっています。実際、安倍首相は、自分が何をやっているかはよく分からないけれども、とにかく、「こうする」と言ったら、「はい」と言ってそのとおりにやってくれる人たちを使っているので、まずコントロールは利《き》かないと見たほうがよいでしょう。

そこで反対して、「いや、駄目です。こうしないと日本の経済は危なくなります」というようなことを言える人は、もういないのです。とりあえず、今、〝よく言うことをききそうな人〟ばかりをラインナップとして揃《そろ》えているので、ほぼ、「経済的判断はできない」と見てよいのではないでしょうか。

そのようなことについては、経済関係の役所や経済の専門家に訊《き》くよりは、宗教（幸福の科学）に訊いたほうがよく分かるのではないかと思います。今まで、私が言っていることは、ほとんど外れていません。大きな外れはないのです。

したがって、そうした「分かる人」がいるのであれば、その人の言っていることになるべく合わせたほうがよいでしょう。内緒で〝パクったりせず〟、きちんと、「お知恵《ちえ》を頂きました」と言って、やってくだされ ばよいと思うのです。

4　安倍《あべ》政権のチグハグな政策

国民には「賢《かしこ》い選択《せんたく》」を迫《せま》らなくてはいけない

今日（二〇一六年六月十二日）は、とりあえず、参院選（第24回参議院議員通常選挙。二〇一六年六月二十二日公示、七月十日投開票）が近づいているので、選挙戦についても何か言わないといけないとは思いますが、まだ〝先入観の壁《かべ》〟はかなり厚いだろうと思います。

ただ、はっきり言って、宗教がつくった政党だからといって、逆風が吹《ふ》いているとまでは言えない状況《じょうきょう》でしょう。ただし、追い風も吹いていません。「逆風も吹いていないが、追い風も吹いていない」というレベルかと思います。

そういう場合はしかたがないので、〝自分で自転車をこぐ〟しかありません（会場笑）。前に走れば倒《たお》れずに済むので、前に進むしかないと思うのです。

そういう意味で、やはり、国民には、「賢《かしこ》い選択《せんたく》」を迫《せま》らなくてはいけないでしょう。競馬《けいば》のように、「どちらが勝つか」というレースではないので、賢い選択を迫らなくてはいけないと思います。

もう、国の中枢部《ちゅうすうぶ》はほぼ判断機能を失っているので、国民は「賢い選択」をして、国の未来に対して警鐘《けいしょう》を発している人たちを選ばなくてはいけないのではないでしょうか。

国として沖縄《おきなわ》を護《まも》りたいのなら「合理的な行動」が必要

これは、国防についても同じでしょう。

つい最近（二〇一六年六月八日～九日）も、尖閣《せんかく》諸島の接続水域を、ロシア軍艦《ぐんかん》が通り、中国軍艦も通って挑発《ちょうはつ》してきました。外務省の次官も強い抗議《こうぎ》をしたりしてはいるのですが、日本というのは、何とも言えない国というか、不思議な国です。

例えば、沖縄《おきなわ》のほうでは、「アメリカの海兵隊は出ていけ」というような運動をやっていたり、「普天間《ふてんま》基地の県

6月9日に尖閣諸島の接続水域に侵入した中国のジャンカイⅠ級フリゲート艦（防衛省統合幕僚監部提供）。

内移設反対」派が盛り上がっていたりして、そちらのほうが選挙戦（二〇一六年六月五日投開票の沖縄県議選）で優勢だったりしました。

かたや、尖閣諸島の接続水域を中国軍の軍艦が通ったら、石垣市《いしがき》の人たち等が「これは困る」と震《ふる》え上がったりしています。「もし、ある日突然《とつぜん》、（中国軍が）這《は》い上がってきて、基地をつくられたりしたらどうしよう。この国は、大《だい》丈夫《じょうぶ》なのだろうか」と、現地では、みな思っている状態です。国としての意思の統一が十分にできていないわけで、これは、さみしいことでしょう。

そういう意味では、もう少し〝合理的に〟ピシッとした行動をしたほうがよいと思うのです。宗教家がこんなことを言うのはどうかとは思いますし、やや切なくもあるのですが、言う人がいないから言います。

やはり、もう少し理屈《りくつ》に合った行動を取られたらいかがでしょうか。もし、沖縄県の人たちを護《まも》りたいのであれば、あるいは、日本の領土等を一方的に奪《うば》われたくないのであれば、合理的な行動として、やるべきことをやらなければいけません。

国民の立場でも、あるいは、国の立場でも、自主防衛として許される範囲《はんい》内、正当防衛の範囲内で、やるべきことはキチッとやるべきです。

もちろん、外交面についても、米軍を頼《たよ》りにしているのであれば、「米軍を頼りにしている」ということを、しっかりと意思表示しなければいけないでしょう。それなのに、「米軍、帰れ！」というような行動ばかりしていては、いざというときに、本当に助けてくれるかどうかは分かりません。

そういうことを言っておきたいと思います。

日本が原発政策を進めた理由

また、原発の再稼働《かどう》が争点の一つになっているわけですが、これも同様でしょう。

日本では、田中角栄《たなかかくえい》政権のときに石油ショックがあり、「オイルが入ってこない」。実際に石油が入ってこない」ということを経験しているのです。それで悪性インフレにもなりました。いわば、「ガス欠」になったわけで、石油が入ってこないと火力発電では電気がつくれず、日本の工業生産も止まってしま

オイルショックの影響で少なくなったＬＰガスを求めて、目白通りに並ぶ給油待ちの個人タクシー（右端の列）（東京都・練馬区、1973年12月7日撮影）。

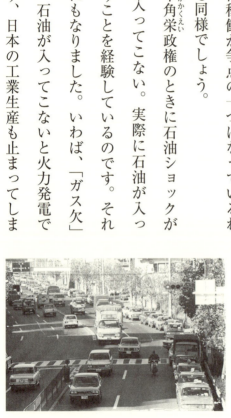

ったのです。そこで、原発政策を進めることになりました。要するに、「自前《じまえ》でつくれる電力源」が必要だったのです。

このあたりの事情については、現在も大きくは改善されていないので、石油が入ってこなくなったり、あるいは、原油価格が急に高騰《こうとう》したりしたら、同じような危険にさらされます。

それにもかかわらず、東日本大震災《だいしんさい》での原発事故以降、「脱《だつ》原発」の主張が多くなり、原発が停止し始め、ほとんどが停止している状況です。

その結果、石油や天然ガス等の輸入が増えましたが、

1973年のオイルショックに伴う節電で、ネオンが消えた東京都銀座通り（右：午後６時、左：午後９時15分撮影）。翌1974年には、通商産業省（現・経済産業省）が「電力使用制限令」を発動。広告灯やネオンサインなどの使用が禁止された。

アベノミクスによって円安に振《ふ》れていたため、日本は貿易も赤字になっていきました。●貿易赤字がどんどん増え、毎年、何兆円という単位で赤字が出ていきます。

これでは、消費税上げで増やそうとしている分が、貿易赤字で出ていっているような状況でしょう。要するに、損をしているわけですが、これについて追《つい》及《きゅう》しているところはあまりありません。

そういう意味では、全体的に、どこもかしこもチグハグな感じがしています。

●**貿易赤字**　2016年1月25日、財務省は「2015年の貿易収支は2兆8322億円の赤字」と発表した。東日本大震災があった2011年以降、貿易収支は5年連続で赤字となっている。

5 「原発反対」論者の無責任さ

「反核《はんかく》平和運動」の背景にある霊界《れいかい》からの影響《えいきょう》

さて、最近、「艮《うしとら》の金神《こんじん》・出口《でぐち》なおの霊言《れいげん》」を録《と》りました（二〇一六年六月二日収録）。もしかしたら、話がいろいろ飛んでいるように見えるかもしれませんが、当会のなかではつながっているのです（笑）（会場笑）。

その霊言を聞いて分かったことがありました。今、左翼《さよく》側でやっている「平和憲法改正反対」「反原発」「反米軍」等の〝平和運動〟には、だいぶ宗教も入っているのですが、このあたりには、どっぷりと入っている霊界《れいかい》があるらしいのです。それは、妖怪《ようかい》世界です。「実は、（反核《はんかく》平和運動は）日本の妖怪世界とつながっている」ということが、霊言のなかで明言されていました。

彼らが言うには、「実は、宗教もだいぶバックアップしているけれども、妖怪の世界なんだ。これは、日本の宗教の主流なんだ。日本人には、『信仰心《しんこうしん》がない』という人が多いが、妖怪を信じているのであって、普通《ふつう》の信仰とは違《ちが》う。西洋型の信仰とは違って、妖怪世界、要するに、『ゲゲゲの鬼太郎《きたろう》』の世界が、日本の霊界の主流なのだ」ということです。

さらに、「（反核平和運動をしている）彼らは、今、結局、『原始に帰れ』という世界を支持しているんだ。昔の日本に変えてくれれば、自分たちのようなお化《ば》けというか、化け物や幽霊《ゆうれい》、妖怪がたくさん出られる場所が増えてくる。

だから、近代化するのは困るんだ」ということでした。

そういうわけで、環境《かんきょう》問題に対して非常に熱心に動いているようなのです。要するに、「平和運動ではなくて、実は、『妖怪の生存権を護《まも》れ』という運動が背景にあって動いているらしい」ということが分かりました（会場笑）。

そういうものからすると、当会のように、透明《とうめい》性や現代性、合理性があり、さらに、あの世から通信が来るような宗教は、まことにややこしいでしょう。きっと、そのように見えるだろうと思います。

天国・地獄をはじめ、霊界の法則や次元構造などを解明した一冊。
『永遠の法』
（幸福の科学出版刊）

大規模なエネルギー供給が必要な現代社会

一方、私のほうは、原発等にもあまり偏見《へんけん》はありません。

例えば、私たちが恩恵《おんけい》を受けているものに太陽の光がありますが、すごい熱量を放射している太陽の熱源は、「核融合反応《かくゆうごう》」なのです。何かが化学反応を起こして熱が発生しているわけではなく、水素が核融合反応を起こしてヘリウムに変換《へんかん》されることで、数百万度もの熱が出ています。

つまり、核融合の熱で太陽系は照らされており、そのおかげで農作物が穫《と》れ、人々は生きていけるわけです。そもそも、太陽がなければ生命体は存在していません。そして、その生命体の根源である太陽は、核融合によって宇宙に熱を供給しているのです。

なお、太陽系以外のところも同じであり、だいたいそうなっているので、核エネルギーはそれほど恐《おそ》ろしいものではありません。これは、神様がもともと用意されているものであって、私も一枚加わっていますから（会場笑）、全然抵抗《ていこう》がないというか、特に心配していないのです。ちなみに、これで行くと、天照大神《あまてらすおおみかみ》は、「核融合反応で熱を供給しているような感じ」になるので、信仰とはズレてくるかもしれませんが（会場笑）。

ともかく、科学的にはそういうことです。東日本大震災《だいしんさい》の原発事故では、「原子炉《ろ》等の冷却《れいきゃく》ができなくなり、炉心溶融《ようゆう》した」と言っていましたが、太陽は、いつもあのような状態で熱を出しているわけです。

私は、それを知っているので、それほど心配していませんし、当然用意されているエネルギー源の一つだと考えています。もちろん、それ以外のものでつくってもよいのですが、大規模なエネルギー供給をするには、今のままでは足りないはずです。

やはり、今の時代だと、電気のない生活は極《きわ》めて厳しいでしょう。工業生産等が止まるだけでなく、家庭生活も大変だと思います。

もし原発等に反対するのであれば、「ロウソク生活でもいい」ということでしょうか。

例えば、今回、説法《せっぽう》をしている名古屋正心館《なごやしょうしんかん》もライトを点《つ》けています。確かに、これがロウソクでも、雰囲気《ふんいき》が出て悪くはないかもしれません（笑）（会場笑）。しかし、そういうことばかりではないはずです。

ちなみに、メルヴィルの『白鯨《はくげい》』という小説があり、それが映画にもなりました。それを観《み》ると、一八〇〇年代のアメリカ人が、鯨《くじら》を獲《と》りに大西洋や太平洋に出ていた理由が分かります。要するに、ロウソクをつくったり、街灯を点けたりするために鯨の油が必要だったので、世界中の鯨を殺して回っていたわけです。

それを考えると、今、アメリカが日本の捕鯨《ほげい》に反対しているのは、少しおかしいような感じもします。「鯨を殺して、街灯の燃料に使うか？」と思わなくもありません。

その意味では、エジソン等が電気の供給システムをつくったのは、非常に大事なことだと思います。

6「イノベーションの王道」とは何か

組織的に仕事をよい方向に動かしていく

さて、いろいろなことについて述べましたが、今回のテーマである「イノベーション」について、まとめ直してみましょう。

まず、イノベーションとは、単なるアイデアだけではありません。そう思いがちかもしれませんし、確かに、イノベーションの基礎《きそ》には、さまざまなアイデアが出てくることは当然ですが、その個人的なアイデアだけでイノベーションが起きるわけではないのです。

やはり、「組織的に、仕事がよい方向へ動いていくように構造変革を起こしていくこと」をイノベーションといいます。

したがって、単なる思いつきやアイデアだけではいけません。そういうものはヒントとしてはあってもよいのですが、周到《しゅうとう》な準備をしながら、組織的に仕事が動いていくようにする必要があります。大勢の人がかかって、仕事の方向性等を調整しつつ、よい方向に引っ張っていくことがイノベーションです。

なお、企業におけるイノベーションについては、カリスマ的経営者がいた場合、その人が一人でやってしまって、あとのイノベーションはできないことがよくあります。しかし、「カリスマ的な人の力で行うのではなく、平凡な人たちが力を合わせて、組織全体を良質な方向に変えていき、成果を出していく」

という考えがイノベーションの基本なのです。

また、イノベーションにおいて気をつけるべき点もあります。

まずは、「賭《か》けのようなことをあまりしない」ということが大事です。一《いち》か八《ばち》かの賭けのようなことをするのがイノベーションではないので、これを間違《まちが》ってはいけません。

さらに、イノベーションとは、「変わったことを連続して行うことでもない」のです。やはり、企業家《きぎょうか》としては、避《さ》けられるリスクは避けるべきでしょう。

手堅《てがた》い仕事をしながら、だんだん大きくしていく

基本的に、イノベーションの主流は、現在やっているもののなかで、非効率

なところやマイナスのところを少しずつ修正しながら、プラスと見えるところを少しずつ推《お》し進めていき、長期的に、だんだんよい方向へと持っていくことです。これが「イノベーションの王道」であることを忘れないでください。

とりあえず、個人の思いつきや、とにかくみんなが絶対にやらないことをやってみるなど、そういう、リスクを冒《おか》すことだけがイノベーションだと思ってはなりません。

やはり、「事業の継続《けいぞく》性を保ちながら、短所のところを矯《た》めつつ、長所を伸《の》ばしていく」という考え方がイノベーションなのです。

また、「未来は、そういう創造性の積み重ねの上にあるのだ」ということを知らなくてはいけません。

そういう意味では、手堅《てがた》い仕事をしながら、だんだんだんだん上手に大きくしていくことが大事です。

例えば、当会は、傍目《はため》には、どんどん変わったことをして発展しているように見えるかもしれませんが、この名古屋正心館《なごやしょうしんかん》にしても、前述したように、今から十三年前の二〇〇三年には構想がすでにできていました。実は、そうした私の考えの延長上で、教団全体の動きを見ながら周到につくってきているわけで、偶然《ぐうぜん》でも何でもありません。要するに、すべて実力の範囲《はんい》内でやっているのです。

これから、さまざまな経済的な嵐《あらし》のなかをくぐっていくこともあるでしょうが、原点は、名古屋の〝ケチ商法〟というか（会場笑）、「名古屋の経済マインド」に戻《もど》って、「人間としての中道《ちゅうどう》は何か」ということを考えてください。新産業、未来産業をつくったり、未来科学を拓《ひら》いたり、新しい商売を考えたりしていくときも、この〝名古屋精神〟あたりから、ずっと先を見通していくとよいでしょう。

やはり、東京人の「江戸《えど》っ子は宵越《よいご》しの金を持たない」的発想では、日本は危険な段階に来ているので、名古屋のほうから経済発想をキチッと出されることを望みたいと思っています。

本日の講演は、〝全国放送〟であるにもかかわらず、〝ご当地《とうち》ソング〟が入りましたことをお許しください（会場拍手《はくしゅ》）。

あとがき

イノベーション（革新《かくしん》）とは企業分野でよく使われる言葉だ。国家レベルで使われると「維新《いしん》」や「革命《かくめい》」が近い概念《がいねん》だろう。

本書で私は、イノベーションにより、日本の宗教の多くも淘汰《とうた》されていくだろうが、日本政府そのものも存続《そんぞく》の危機《きき》にあることを述べた。また反核平和《はんかくへいわ》運動の背景に、日本の裏霊界《うられいかい》（妖怪《ようかい》世界等）が影響していることも指摘《してき》した。マスコミの無明偏向《むみょうへんこう》報道についても、いつもながら意見を述べた。

マスコミの多数が言っている通りにやると、正義に反する事態が起こり、国家的危機がやってくるのである。この「マスコミ全体主義」による無責任体制で、この国が漂流《ひょうりゅう》するのは、何とかくいとめたい。
そのためには、正しい価値観《かちかん》の樹立《じゅりつ》が急務《きゅうむ》であると思う。

二〇一六年　六月二十一日

幸福《こうふく》の科学《かがく》グループ創始者兼総裁《そうししゃけんそうさい》
幸福実現党創立者兼総裁《こうふくじつげんとうそうりつしゃけんそうさい》
大川隆法《おおかわりゅうほう》

『未来へのイノベーション』大川隆法著作関連書籍

『永遠の法』（幸福の科学出版刊）
『正義の法』（同右）
『正義と繁栄』（同右）
『悟りに到る道』（同右）
『幸福実現党宣言』（同右）
『守護霊インタビュー　都知事　舛添要一、マスコミへの反撃』（同右）
『橋本龍太郎元総理の霊言』（同右）
『平成の鬼平へのファイナル・ジャッジメント』（幸福実現党刊）
『宮澤喜一　元総理の霊言』（同右）

未来《みらい》へのイノベーション

――新しい日本を創る幸福実現革命――

2016年6月22日　初版第1刷

著　者　　大《おお》川《かわ》隆《りゅう》法《ほう》

発行所　　幸福の科学出版株式会社

〒107-0052 東京都港区赤坂2丁目10番14号

TEL(03)5573-7700

http://www.irhpress.co.jp/

印刷・製本　株式会社 研文社

落丁・乱丁本はおとりかえいたします

ISBN978-4-86395-808-1 C0030

写真：ROGER_VIOLLET ／時事／毎日新聞社／時事通信フォト

大川隆法ベストセラーズ・地球レベルでの正しさを求めて

正義と繁栄

幸福実現革命を起こす時

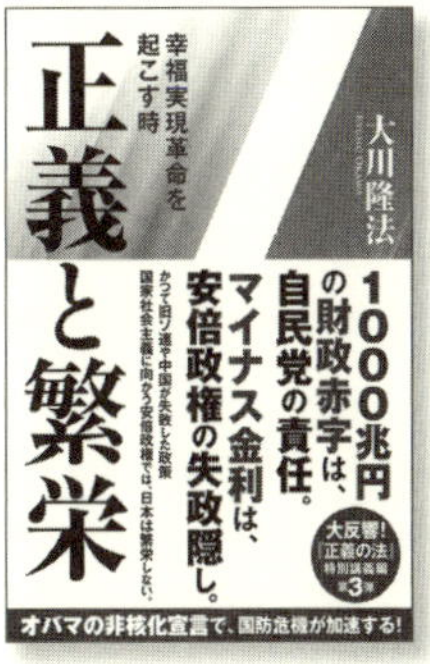

「マイナス金利」や「消費増税の先送り」は、安倍政権の失政隠しだった!? 国家社会主義に向かう日本に警鐘を鳴らし、真の繁栄を実現する一書。

1,500円

世界を導く日本の正義

20年以上前から北朝鮮の危険性を指摘してきた著者が、抑止力としての日本の「核装備」を提言。日本が取るべき国防・経済の国家戦略を明示した一冊。

1,500円

現代の正義論

憲法、国防、税金、そして沖縄。
――『正義の法』特別講義編

国際政治と経済に今必要な「正義」とは――。北朝鮮の水爆実験、イスラムテロ、沖縄問題、マイナス金利など、時事問題に真正面から答えた一冊。

1,500円

大川隆法シリーズ・**最新刊**

橋本龍太郎元総理の霊言
戦後政治の検証と安倍総理への直言

長期不況を招いた90年代の「バブル潰し」と「消費増税」を再検証するとともに、マスコミを利用して国民を欺く安倍政権を〝橋龍〟が一刀両断！

1,400円

政治家の正義と徳
西郷隆盛の霊言

維新三傑の一人・西郷隆盛が、「財政赤字」や「政治不信」、「オバマの非核化宣言」を一喝する。信義と正義を貫く政治を示した、日本人必読の一冊。

1,400円

政治と宗教を貫く
新しい宗教政党が日本に必要な理由

大川隆法　大川真輝　共著

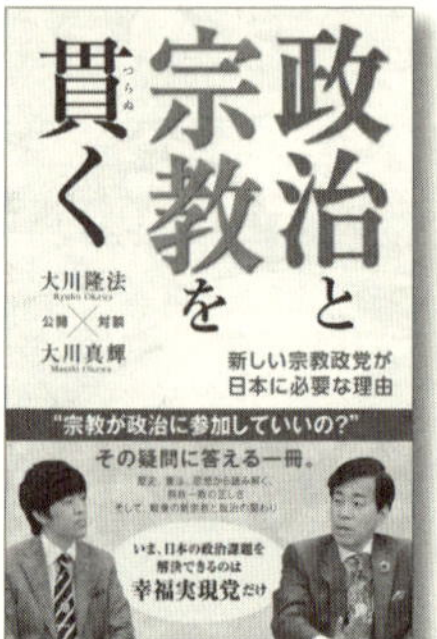

すべては人々の幸福を実現するため──。歴史、憲法、思想から「祭政一致」の正しさを解き明かし、政教分離についての誤解を解消する一冊。

1,500円

※表示価格は本体価格（税別）です。

守護霊インタビュー 都知事　舛添要一、マスコミへの反撃

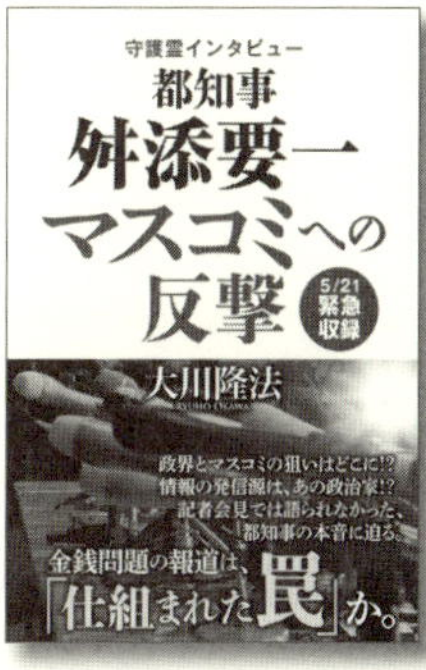

突如浮上した金銭問題の背後には、参院選と東京五輪をめぐる政界とマスコミの思惑があった!? 報道からは見えてこない疑惑の本質に迫る。

1,400円

北朝鮮 崩壊へのカウントダウン 初代国家主席・金日成の霊言

36年ぶりの党大会当日、建国の父・金日成の霊が語った「北朝鮮崩壊の危機」。金正恩の思惑と経済制裁の実情などが明かされた、国際的スクープ!

1,400円

小渕恵三元総理の霊言

非凡なる凡人宰相の視点

増税、辺野古問題、日韓合意――。小渕元総理から見た、安倍総理の本心とは? 穏やかな外見と謙虚な言動に隠された"非凡な素顔"が明らかに。【幸福実現党刊】

1,400円

大川隆法ベストセラーズ・資本主義の精神を学ぶ

資本主義の未来

来たるべき時代の「新しい経済学」

なぜ、ゼロ金利なのに日本経済は成長しないのか？ マルクス経済学も近代経済学も通用しなくなった今、「未来型資本主義」の原理を提唱する！

2,000円

財政再建論
山田方谷ならどうするか

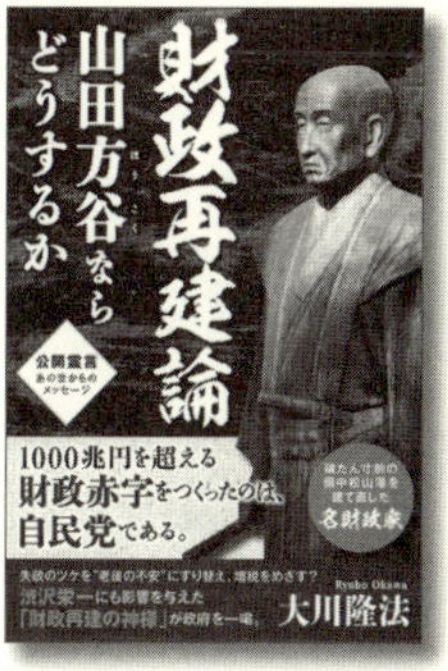

「社会貢献なき者に、社会保障なし!」破綻寸前の備中松山藩を建て直し、大実業家・渋沢栄一にも影響を与えた「財政再建の神様」が政府を一喝。

1,400 円

富国創造論

公開霊言 二宮尊徳・渋沢栄一・上杉鷹山

資本主義の精神を発揮し、近代日本を繁栄に導いた経済的偉人が集う。日本経済を立て直し、豊かさをもたらす叡智の数々。

1,500 円

幸福の科学出版

大川隆法霊言シリーズ・反原発運動を検証する

核か、反核か
社会学者・清水幾太郎の霊言

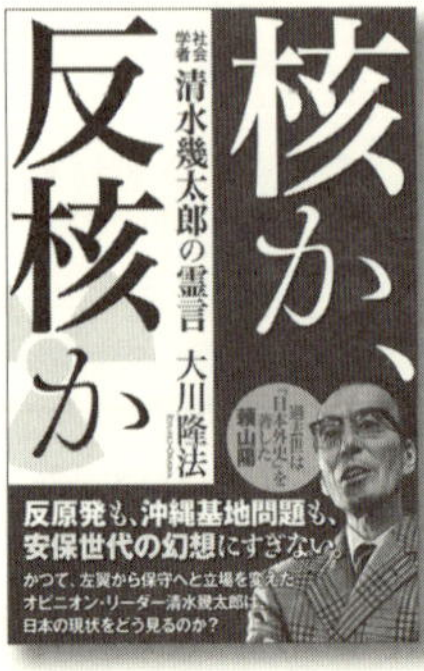

左翼勢力の幻想に、日本国民はいつまで騙されるのか？ 左翼から保守へと立場を変えた清水幾太郎が、反核運動の危険性を分析する。

1,400円

大江健三郎に「脱原発」の核心を問う
守護霊インタビュー

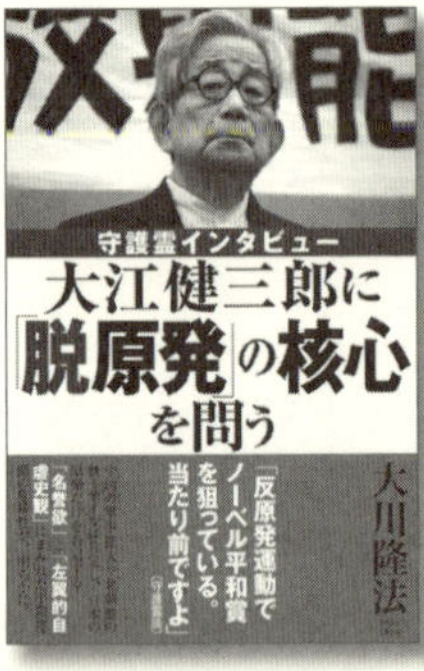

左翼思想と自虐史観に染まった自称「平和運動家」の矛盾が明らかに！ 大江氏の反日主義の思想の実態が明らかになる。

1,400円

アインシュタインの警告
反原発は正しいか

原子力の父とも言うべきアインシュタイン博士が語る反原発運動の危険性と原発の必要性。感情論で暴走する反原発運動に警鐘を鳴らす。

1,400円

※表示価格は本体価格（税別）です。

大川隆法ベストセラーズ・震災から立ち上がる

天使は見捨てない

福島の震災復興と日本の未来

東日本大震災で被災された人々の心を救い、復興からの発展をめざすために、福島で語られた「天使たちの活躍」と「未来への提言」。

1,500円

されど光はここにある

天災と人災を超えて

被災地・東北で説かれた説法を収録。東日本大震災が日本に遺した教訓とは。悲劇を乗り越え、希望の未来を創りだす方法が綴られる。

1,600円

逆境の中の希望

魂の救済から日本復興へ

生誕55周年記念出版
著者法話
CD付

東日本大震災後、大川総裁が実際に被災地等に赴き行った説法集。迷える魂の鎮魂と日本再建に向けての具体的な指針などが示される。

1,800円

幸福の科学出版

大川隆法ベストセラーズ・幸福実現党の目指すもの

幸福実現党宣言

この国の未来をデザインする

政治と宗教の真なる関係、「日本国憲法」を改正すべき理由など、日本が世界を牽引するために必要な、国家運営のあるべき姿を指し示す。

1,600円

宗教立国の精神

この国に精神的主柱を

なぜ国家には宗教が必要なのか? 政教分離をどう考えるべきか? 宗教が政治活動に進出するにあたっての決意を表明する。

2,000円

政治革命家・大川隆法

幸福実現党の父

日本よ、「自由の大国」を目指せ。そして「世界のリーダー」となれ——。日本の政治の問題点とその具体的な打開策について「国師」が語る。

1,400円

一緒に考えよう! 沖縄

ロバート・D・エルドリッヂ
釈量子　共著

在沖海兵隊元幹部と幸福実現党党首が、日本と沖縄の未来を語り合う。「在日海兵隊」「反基地運動」「沖縄返還」などの視点から、沖縄問題の本質に迫る。【幸福実現党刊】

1,204円

幸福の科学グループのご案内

宗教、教育、政治、出版などの活動を通じて、地球的ユートピアの実現を目指しています。

幸福の科学

一九八六年に立宗。信仰の対象は、地球系霊団の最高大霊、主エル・カンターレ。世界百カ国以上の国々に信者を持ち、全人類救済という尊い使命のもと、信者は、「愛」と「悟り」と「ユートピア建設」の教えの実践、伝道に励んでいます。

（二〇一六年六月現在）

愛

幸福の科学の「愛」とは、与える愛です。これは、仏教の慈悲《じひ》や布施《ふせ》の精神と同じことです。信者は、仏法真理をお伝えすることを通して、多くの方に幸福な人生を送っていただくための活動に励んでいます。

悟り

「悟り」とは、自らが仏の子であることを知るということです。教学《きょうがく》や精神統一によって心を磨き、智慧《ちえ》を得て悩みを解決すると共に、天使・菩薩《ぼさつ》の境地を目指し、より多くの人を救える力を身につけていきます。

ユートピア建設

私たち人間は、地上に理想世界を建設するという尊い使命を持って生まれてきています。社会の悪を押しとどめ、善を推し進めるために、信者はさまざまな活動に積極的に参加しています。

国内外の世界で貧困や災害、心の病で苦しんでいる人々に対しては、現地メンバーや支援団体と連携して、物心両面にわたり、あらゆる手段で手を差し伸べています。

年間約３万人の自殺者を減らすため、全国各地で街頭キャンペーンを展開しています。

公式サイト **www.withyou-hs.net**

ヘレン・ケラーを理想として活動する、ハンディキャップを持つ方とボランティアの会です。視聴覚障害者、肢体不自由な方々に仏法真理を学んでいただくための、さまざまなサポートをしています。

公式サイト **www.helen-hs.net**

INFORMATION

お近くの精舎・支部・拠点など、お問い合わせは、こちらまで！

幸福の科学サービスセンター

TEL. 03-5793-1727 （受付時間 火～金：10～20時／土・日・祝日：10～18時）

幸福の科学 公式サイト **happy-science.jp**

教育

学校法人 幸福の科学学園

学校法人 幸福の科学学園は、幸福の科学の教育理念のもとにつくられた教育機関です。人間にとって最も大切な宗教教育の導入を通じて精神性を高めながら、ユートピア建設に貢献する人材輩出を目指しています。

幸福の科学学園

中学校・高等学校（那須本校）
2010年4月開校・栃木県那須郡（男女共学・全寮制）
TEL 0287-75-7777
公式サイト happy-science.ac.jp

関西中学校・高等学校（関西校）
2013年4月開校・滋賀県大津市（男女共学・寮及び通学）
TEL 077-573-7774
公式サイト kansai.happy-science.ac.jp

仏法真理塾「サクセスNo.1」 TEL 03-5750-0747（東京本校）
小・中・高校生が、信仰教育を基礎にしながら、「勉強も『心の修行』」と考えて学んでいます。

不登校児支援スクール「ネバー・マインド」 TEL 03-5750-1741
心の面からのアプローチを重視して、不登校の子供たちを支援しています。
また、障害児支援の**「ユー・アー・エンゼル！」運動**も行っています。

エンゼルプランV TEL 03-5750-0757
幼少時からの心の教育を大切にして、信仰をベースにした幼児教育を行っています。

シニア・プラン21 TEL 03-6384-0778
希望に満ちた生涯現役人生のために、年齢を問わず、多くの方が学んでいます。

NPO活動支援

学校からのいじめ追放を目指し、さまざまな社会提言をしています。また、各地でのシンポジウムや学校への啓発ポスター掲示等に取り組む一般財団法人「いじめから子供を守ろうネットワーク」を支援しています。

公式サイト mamoro.org
相談窓口 TEL.03-5719-2170
ブログ blog.mamoro.org

政治

幸福実現党

内《ない》憂《ゆう》外《がい》患《かん》の国難に立ち向かうべく、二〇〇九年五月に幸福実現党を立党しました。創立者である大川隆法党総裁の精神的指導のもと、宗教だけでは解決できない問題に取り組み、幸福を具体化するための力になっています。

幸福実現党 釈量子サイト
shaku-ryoko.net

Twitter
釈量子@shakuryoko
で検索

党の機関紙
「幸福実現NEWS」

幸福実現党 党員募集中

あなたも幸福を実現する政治に参画しませんか。

○幸福実現党の理念と綱領、政策に賛同する18歳以上の方なら、どなたでも党員になることができます。

○党員の期間は、党費（年額 一般党員5千円、学生党員2千円）を入金された日から1年間となります。

党員になると

党員限定の機関紙が送付されます。
（学生党員の方にはメールにてお送りします）
申込書は、下記、幸福実現党公式サイトでダウンロードできます。

住所:〒107-0052
東京都港区赤坂2-10-8 6階
幸福実現党本部

TEL 03-6441-0754
FAX 03-6441-0764
公式サイト hr-party.jp
若者向け政治サイト truthyouth.jp

幸福の科学グループ事業

出版メディア事業

幸福の科学出版

大川隆法総裁の仏法真理の書を中心に、ビジネス、自己啓発、小説など、さまざまなジャンルの書籍・雑誌を出版しています。他にも、映画事業、文学・学術発展のための振興事業、テレビ・ラジオ番組の提供など、幸福の科学文化を広げる事業を行っています。

アー・ユー・ハッピー？
are-you-happy.com

ザ・リバティ
the-liberty.com

幸福の科学出版

TEL **03-5573-7700**

公式サイト **irhpress.co.jp**

THE FACT

ザ・ファクト
マスコミが報道しない
「事実」を世界に伝える
ネット・オピニオン番組

Youtubeにて
随時好評配信中！

ザ・ファクト　検索

NEW STAR PRODUCTION

ニュースター・プロダクション

ニュースター・プロダクション(株)は、新時代の〝美しさ〟を創造する芸能プロダクションです。二〇一六年三月には、ニュースター・プロダクション製作映画「天使に〝アイム・ファイン〟」を公開しました。

公式サイト
newstar-pro.com

入会のご案内

あなたも、幸福の科学に集い、ほんとうの幸福を見つけてみませんか？

幸福の科学では、大川隆法総裁が説く仏法真理をもとに、「どうすれば幸福になれるのか、また、他の人を幸福にできるのか」を学び、実践しています。

入会

大川隆法総裁の教えを信じ、学ぼうとする方なら、どなたでも入会できます。入会された方には、『入会版「正心法語」』が授与されます。（入会の奉納は1,000円目安です）

ネットでも**入会**できます。詳しくは、下記URLへ。
happy-science.jp/joinus

三帰《さんき》誓願《せいがん》

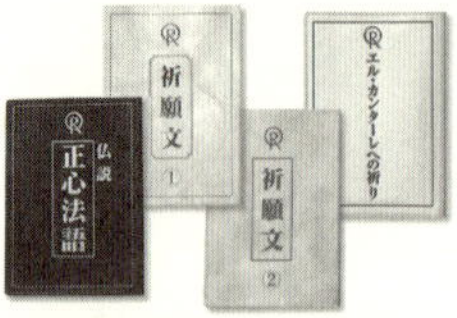

仏弟子としてさらに信仰を深めたい方は、仏・法・僧の三宝への帰依を誓う「三帰誓願式」を受けることができます。三帰誓願者には、『仏説・正心法語』『祈願文①』『祈願文②』『エル・カンターレへの祈り』が授与されます。

植福《しょくふく》の会

植福は、ユートピア建設のために、自分の富を差し出す尊い布施の行為です。布施の機会として、毎月1口1,000円からお申込みいただける、「植福の会」がございます。

ご希望の方には、幸福の科学の小冊子（毎月1回）をお送りいたします。詳しくは、下記の電話番号までお問い合わせください。

月刊「幸福の科学」

ザ・伝道

ヤング・ブッダ

ヘルメス・エンゼルズ

INFORMATION	**幸福の科学サービスセンター** **TEL. 03-5793-1727**（受付時間 火〜金：10〜20時／土・日・祝日：10〜18時） 幸福の科学 公式サイト **happy-science.jp**